WGtarische Kostbarkeiten

12 *Bücher um charakterlich, finanziell und spirituell*

zu wachsen

Jan Wörfel

Bibliografische Information der Deutschen Nationalbibliothek: Die Deutsche Nationalbibliothek verzeichnet diese Publikation in der Deutschen Nationalbibliografie; detaillierte bibliografische Daten sind im Internet über dnb.dnb.de abrufbar.

Herstellung und Verlag:

BoD - Books on Demand, Norderstedt

Lektorat: Andreas Milanowski
Dr. Iveta Becker
Coverfoto: Thomas Elst

ISBN: 9783755741718

Inhaltsverzeichnis

II

Wenn Bücher beflügeln...

Wann haben Sie das letzte Buch gelesen? Ich meine, von der ersten bis zur letzten Seite? Wann haben Sie generell das letzte Mal zum Buch gegriffen und den Inhalt studiert? Gestern, letzte Woche, vor einem Monat oder vor einem Jahr? Im Jahr 2018 gab es in Deutschland rund 8,96 Millionen Menschen, die täglich ein Buch in die Hand nahmen, um zu lesen. Das zeigte eine Befragung zur Häufigkeit des Lesens.[1] Eine beachtliche Zahl! Allerdings wurde dabei auch ersichtlich, dass es viele Nicht-Leser bzw. viele Menschen gibt, die nur sehr selten zum Buch greifen. Der Löwenanteil der Bevölkerung (über 14 Jahre), das waren im Jahre 2018 29,06 Millionen Menschen, schnappte sich nicht jeden Monat ein Buch bzw. las noch seltener.[2] Gut möglich, dass einige von dieser Gruppe nicht mal ein Buch im letzten Jahr gelesen haben. Welch vertane Chance! Aber Sie wissen um die Bedeutung guter Bücher. Deswegen interessieren Sie sich für „WGtarische Kostbarkeiten". Ein Buch kann ein Wendepunkt im Leben eines Menschen sein. Ein Buch kann eine Einsicht schenken, die das ganze Leben zum Positiven verwandelt. Ein Buch kann eine Idee bereithalten, die Ihnen zu mehr Wohlstand und Glück verhilft. Ein Buch kann Sie motivieren und fröhlich stimmen. Ich hoffe, es ist Ihnen bei der Lektüre von „WGtarische Kost – Das Erbauungsbuch" so ergangen. Sie haben den Protagonisten Johannes Welldon kennengelernt,

---

[1] https://de.statista.com/statistik/daten/studie/171231/umfrage/haeufigkeit-des-lesens-von-einem-buch/

[2] ebenda

sein Ringen darum, wieder „nach oben" zu kommen, wieder glücklich zu werden. Bücher waren ein essentieller Schlüssel, um sich in der WG zu „restaurieren", um neue Motivation, Kraft und Ideen zu sammeln. Mehrere Stunden täglich vertiefte sich Johannes in seine Bücher. Nach dem Frühstück marschierte er mit mehreren Büchern unterm Arm in das helle WG-Wohnzimmer, las, markierte mit Post-Its besonders wichtige Passagen und machte sich Notizen. Mit seinem Studium vieler Bücher unterschiedlichster Themen hat Johannes eine Welt betreten, von der Heinrich Heine sagt, dass sie die gewaltigste sei, die der Mensch erschaffen hat. Wenn diese Welt so groß, so gewaltig ist, dann bin ich immer an den Geschichten und Gedanken der Menschen interessiert, die sich lange dort aufgehalten haben und die schönsten Destinationen besuchten. Nach einer mehrjährigen Reise durch unzählige Buchseiten stellt Johannes im Folgenden seine ganz persönlichen, schönsten Lesereiseziele vor, die auch dem interessierten Leser und der geneigten Leserin, zukünftige Orte der Kraft und Inspiration sein können. Ich wünsche Ihnen jetzt viel Freude beim Lesen!

Herzlichst, Ihr Jan Wörfel.

Bücher können Dir helfen, eine Sache gut zu machen

Lieber Leser, ich möchte Dir hier meine ganz persönliche Zusammenstellung der besten Motivations- und Lebenshilfebücher vorstellen. Es finden sich in dieser Sammlung Bücher über Spiritualität, Buddhismus, Kampfkunst und Survival/Leben in der Natur. Warum ich auch Texte über Survival aufgenommen habe, erkläre ich im Folgenden. Da es sich um meine ganz individuelle Auswahl von Büchern handelt, hoffe ich, dass das freundschaftliche „Du" für Dich in Ordnung ist. Getreu dem Sprichwort „Fremde sind Freunde, die sich noch nicht kennen", freue ich mich, wenn wir während der Lektüre von *„WGtarische Kostbarkeiten"* zu Bücherfreunden werden. Jan hat eingangs geschrieben, dass ein Buch der Wendepunkt im Leben eines Menschen sein kann. Und so war es auch bei mir! Leider habe ich erst mit 25 Jahren die gute Gewohnheit entwickelt, regelmäßig zu lesen. Aber auch wenn Goethe sagt: „alles ist schwer, bevor es einfach ist", so hatte ich doch mit der schnellen Entwicklung dieser Gewohnheit keine Probleme. Von da an las und las ich und vertiefte mich in meine Bücher. Als ich in die WG einzog, wusste ich bereits, dass sich das Kostbarste, der Schlüssel zu Erfolg und Glück, in meinem Kopf und in meinen Büchern befand. In den letzten 17 Jahren habe ich über 650 Bücher gelesen. Von der ersten bis zur letzten Seite! Manche Bücher lasen sich unglaublich flüssig und sprudelten über von interessanten Informationen und Einsichten. Durch andere Bücher musste ich mich regelrecht durchkämpfen.[3] Mindestens eine gute Idee fand ich aber in jedem Buch. Die Schatztruhe dieser *„WGtarischen Kostbarkeiten"* möchte ich gerne für Dich öffnen.

Schon oft habe ich von Freunden und Bekannten den Einwand gehört: „aber ich habe doch gar keine Zeit zum Lesen!". Darauf kann ich nur erwidern, dass das tägliche Lesen eine wertvolle Investition in sich selbst ist. Dreißig Minuten Lesen täglich – das schafft jeder! Natürlich ist es hilfreich, sich dabei auf ein spezielles Thema zu konzentrieren. So kann man über die Monate und Jahre zum Experten auf diesem Gebiet werden. Wer durch Lesen seinen Geist „massiert" und geschmeidig hält, dabei ständig neue Information aufnimmt (z.B. wenn es um die eigene berufliche Tätigkeit geht), wird zweifelsohne einen Vorsprung gegenüber Demjenigen haben, der dies eben unterlässt. Natürlich sollen Bücher auch unterhalten und einfach Spaß machen! Ich hoffe, dass ich Dich auf einige der vorgestellten Bücher neugierig machen kann.

WGtarische Kostbarkeiten gliedert sich auf in „Motivations- und Lebenshilfebücher", in „Spirituelle Bücher" und „Bücher über Natur und Survival". Darüber hinaus gibt es jeweils ein Buch über Buddhismus und eines über das Thema Kampfkunst. Die ersten Jahre las ich fast ausschließlich Bücher über Motivation, Verkauf und Erfolg. Mich interessierte vor allem, wie die universellen Erfolgsgesetze lauten, die hinter jedem großen und kleinen Erfolg stehen. Auf meiner Suche nach entsprechender Literatur entdeckte ich, dass es Selbsthilfeliteratur und Erfolgstrainer schon vor über 100

---

[3] Notiz: Ein Buch brach ich ab. [Jean-Paul Sartre, Das Sein und das Nichts] Wer es probieren mag...viel Spaß beim Lesen!

Jahren in Deutschland gegeben hatte. Genannt sollen hier vor allem Victor Segno und Oscar Schellbach sein. Für mich war das unglaublich spannend! Doch mit dieser Einsicht stellten sich neue Fragen. Woher bezogen diese Autoren und Trainer ihr Wissen? Wer waren die Trainer der Ur-Trainer? Was war die Quelle des „Positiven Denkens"? Unausweichlich musste ich auf die Bibel stoßen. Viele Autoren zitieren daraus, nutzen Psalmen und Zitate aus den Evangelien um ihre Botschaften zu untermauern. Wenn man einmal anfängt sich für Religion und Spiritualität ernsthaft zu interessieren, dann lässt einen dieses Interesse nicht mehr los. Denn bei allem Streben nach Erfolg und Glück erkennt man doch, dass alles in der Welt zeitlich und somit vergänglich ist (Die erste große Einsicht in „WGtarische Kost"[4]). Diesen Sachverhalt durchdenkend, fragt sich ein jeder Sucher, „gibt es etwas Beständiges in der Welt?". Gibt es etwas Kernhaftes an mir selbst, etwas, das vom Verfall meines Körpers unberührt bleibt? Das ist speziell im Buddhismus ein zentrales Thema und so war es von der Bibel bis zur Buddha-Lehre, niedergeschrieben im Pali-Kanon, kein großer Schritt. Bei aller Diskussion um die Auslegung der Anatta-Lehre bin ich unglaublich dankbar, die Bücher von Dr. Georg Grimm gefunden zu haben.[5] Er hat mir einen Zugang zum Buddhismus eröffnet, aber dazu später mehr.

Und so führt ein Buch zum anderen! Ist man dann über den Buddha thematisch in Indien gelandet, dann kommt man auch nicht mehr an den Upanishaden, der Bhagavad Gita oder einem anderen Teil des Mahabharata-Epos vorbei.

---

[4]   Jan Wörfel, WGtarische Kost – Das Erbauungsbuch; S.14

[5]   Vielleicht haben sie mich auch gefunden!

Doch was haben religiöse Bücher mit Erfolg im Leben zu tun? Letzten Endes geht es um die „Trinität" - Gedanke, Wort und Tat! Der äußere Erfolg hat innere Ursachen.[6] Alles beginnt mit einem Gedanken, mit einer zündenden Idee. Greifbar wird dieses Prinzip mit den Worten „Die Materie folgt dem Geist!". Und die wahre Religion bietet durch ihre Ethik ein Fundament, auf dem der weltliche Erfolg zum Nutzen aller gedeihen kann. Ich lade Dich daher ein, gerade religiöse, spirituelle oder esoterische Bücher intensiv zu lesen.

Innerhalb meiner Sammlung habe ich auch Bücher über „Leben in der Natur" und Survival aufgelistet. Ich saß oft stundenlang in unserem WG-Garten, nur durch ein Gebäude von der lärmenden Straße getrennt. Für mich war der Garten ein Quell der Erholung und Ruhe. Gute, klare Gedanken und Ideen können nur auftauchen, wenn du eine Möglichkeit hast abzuschalten und dich zurückzuziehen. Wann warst Du das letzte Mal im Wald spazieren? Ist Dir die Fülle von Leben und all die Aktivität aufgefallen? Die Natur ist ein großer Lehrmeister und kann uns vor Augen führen, dass das Leben von Fülle geprägt ist und wir an dieser Fülle teilhaben können. Wir müssen nur ganz still werden und unsere Sinne benutzen.

In „WGtarische Kost" habe ich berichtet, welchen Einfluss Tom Brown Jr. auf mich hatte. Die Kunst des Spurenlesens machte mich achtsamer. Die Spur verrät mir etwas über den Verursacher. Blicke ich zurück, sehe ich meine eigenen Spuren. Welche Spuren willst Du in der Welt hinterlassen?

---

[6] 3.Ganesha-Wahrheit in: WGtarische Kost, Jan Wörfel; S.41

Ich werde vom Leben in der Wildnis und von Survivalkünstlern in meinen Kommentaren berichten. Du kannst Dich darauf freuen! Mich brachte das Thema Survival dazu, von der Null-Linie aus zu denken. Was machst Du, wenn Du in eine Notfallsituation gerätst? Sagen wir in der freien Natur. Du versuchst ruhig zu bleiben. Richtig? Du checkst Deine Ausrüstung. Es beruhigt Dich, dass Du ein gutes Taschenmesser dabei hast, genügend Nahrung und Wasser. Dann machst Du einen Plan!

Genauso kann man vorgehen, wenn man in einer Lebenskrise steckt. Ich hatte nicht genügend Geld, um meine große Wohnung zu bezahlen, in der ich mit Joy gelebt hatte. Die WG war die Rettung für mich, in jeder Hinsicht und meine Bücher waren mein Schweizer Taschenmesser. In der Krise steckt die Chance und glücklicherweise wusste ich das schon vorher. Von dieser Warte aus können wir das Wissen über Survival nutzen und eine Bestandsaufnahme machen, um dann den richtigen Plan zu schmieden und ins Handeln zu kommen. Denn das Glück ist planbar![7]

Wenn wir uns Ziele setzen und planen, dann kommt immer der Faktor Zeit ins Spiel. Viele Erfolgstrainer sagen, dass ein Ziel ohne Deadline, ohne festen Termin, kein echtes Ziel ist. Es ist mehr ein Wunsch ohne eine konkrete Zeit, wann er sich realisieren soll. Das ist dann alles sehr vage und ohne wirkliche Power. Allerdings haben wir nur eine begrenzte Lebenszeit, weshalb es wichtig ist, aktiv und damit genau zu werden. Was will ich in der mir zu Verfügung stehenden Zeit erreichen? Ein echter Hemmschuh kann dabei eine

---

[7] 10. Ganesha-Wahrheit in: WGtarische Kost, Jan Wörfel; S.133

angeschlagene Gesundheit sein. Den Zustand des Wohlfühlens, des nicht vorhandenen Schmerzes oder Leidens, nehmen wir für gewöhnlich als selbstverständlich hin. Tritt jedoch eine Krankheit oder ein wie auch immer geartetes gesundheitliches Problem auf, dann leiden wir und sind in unserer körperlichen und geistigen Belastungsfähigkeit eingeschränkt. Auch Wohlstand kann man ohne Gesundheit nicht wirklich genießen. So sagt z.b. der große deutsche Philosoph Arthur Schopenhauer: „Besonders überwiegt die Gesundheit alle äußeren Güter so sehr, dass wahrlich ein gesunder Bettler glücklicher ist als ein kranker König."[8] Deshalb gehört es auch zu einer ganzheitlichen Erfolgsstrategie sich um seine Gesundheit zu kümmern und Verhaltensweisen, die dem eigenen Körper schaden (so z.B. Rauchen oder fehlende sportliche Betätigung), abzustellen, beziehungsweise eine Gewohnheitsveränderung herbeizuführen. Adam aus der WG rief mich neulich an und erzählte mir, dass er seit 10 Monaten nicht mehr raucht. Ich freue mich für ihn – denn es ist nie zu spät das Ruder herumzureißen!

Gesundheit stellt sich ein oder bleibt erhalten, wenn ein Mensch in Einklang mit seiner Umwelt und der Natur lebt. Die vorliegenden Bücher geben zahlreiche Anregungen, um das mit Herausforderungen angefüllte Leben in Balance zu bringen und die eigene Resilienz zu erhöhen.

Meine einführenden Worte sollten ein kleiner Vorgeschmack sein, was Dich auf den kommenden Seiten erwartet. Die Bücher, die ich Dir nun vorstellen werde, habe ich zum

---

[8]   Arthur Schopenhauer, Aphorismen zur Lebensweisheit; S. 17; Marix Verlag

Großteil während und vor meiner WG-Zeit gelesen. Doch warum gerade 12 Bücher? Du ahnst es vielleicht schon. Es geht um ein magisches Jahr, um Dein Jahr. Es geht um 12 Monate, in denen Du große Ziele anpacken kannst und durch 12 wunderbare Bücher, beziehungsweise durch Kommentare zu diesen, motiviert wirst. Wenn Du jeden Tag liest und so eine gute Gewohnheit entwickelt hast, kannst Du die Bücher, welche Dich aus „WGtarische Kostbarkeiten" besonders interessieren, problemlos in Deinen eigenen Lesestoff integrieren. Des Weiteren werde ich zu jedem Kommentar den Buchumfang in Seiten angeben. So kannst Du die Bücher, die Dich ansprechen, ganz spezifisch auswählen und sie so einplanen, wie es Deine Zeit hergibt. Im Urlaub kannst Du z.B. einen 450 Seiten-Wälzer angehen, während Du Dich in besonders intensiven Arbeitswochen, eher auf Bücher konzentrierst, die sich um die 200 Seiten herumbewegen. Meine Buchkommentare sind teilweise gespickt mit persönlichen Geschichten aus der WG und meinem Leben davor. Und nun genug der Vorrede!

Lass uns starten...Als erstes möchte ich Dir meinen Freund Victor Segno vorstellen. Los geht`s!

01

Das Gesetz des Mentalismus (DGDM)
Victor Segno

Victor Segno traf ich 2006 bei bay. Nicht persönlich, denn er wurde bereits 1870 geboren und verschwand in den 30er Jahren spurlos.[9] Auch wenn der US-Amerikaner Segno ein Buch mit dem Titel „How to live 100 years" geschrieben hat, so ist davon auszugehen, dass er 2006 definitiv tot war. Ich allerdings fand, als ich durch unendliche Seiten antiquarischer Bücher bei dem besagten Auktionshaus scrollte, sein wunderbares Buch „Das Gesetz des Mentalismus". Ich war so fasziniert von dem Buch, dass ich alle verfügbaren Exemplare aufkaufte und später weiterverkaufte bzw. guten Freunden als besonderes Geschenk überreichte. Ich fand es zu einem Zeitpunkt, als der Begriff „Mentalismus" wieder en vogue war. Die erste Staffel der Serie „Der Mentalist" wurde ausgestrahlt, selbsternannte Mentalisten à la Uri Geller zeigten ihre Zaubertricks in mehreren TV-Shows und das Buch „The Secret" war auf dem Höhepunkt seiner Popularität. Alle Menschen, die durch mich mit Segno in Berührung kamen, waren sehr angetan von dem Werk. Der Bücherfreund Lars Wrobbel hat „Das Gesetz des Mentalismus" 2014 neu verlegt. Doch was ist so faszinierend an dem Buch? Bei den über 100 Jahre alten deutschen Originalausgaben ist es nicht nur der weinrote Einband mit der dekorativen Goldschrift.

---

[9]   https://de.m.wikipedia.org/wiki/A._Victor_Segno

Man beginnt das Buch zu lesen und denkt, „unmöglich, dieser Text kann unmöglich 100 Jahre alt sein!". Es liest sich wie ein Erfolgsbuch eines Napoleon Hill oder eines Dale Carnegie. Auch Norman Vincent Peale könnte der Autor sein. Doch sein Buch „Die Kraft des positiven Denkens" wurde erst 1952 veröffentlicht, 50 Jahre nach der Erstveröffentlichung von „Das Gesetz des Mentalismus". Victor Segnos Buch kürze ich im Folgenden als DGDM ab. Das zentrale Thema von Segnos Erfolgsbuch ist die Kraft der eigenen Gedanken. Er selbst formuliert: „*Der Gedanke, von der Energie des Äthers getragen und vom Willen geführt und kontrolliert, wird eine derart unumschränkte Macht, dass weder Stoff noch Entfernung seiner Übertragung ein Hindernis bieten können.*" (S.20) Stück für Stück erklärt Victor Segno, anhand zahlreicher Beispiele, warum der weltliche Erfolg eben geistige Ursachen hat. Ausgangspunkt für Erfolg oder natürlich auch Misserfolg sind immer wieder die eigenen Gedanken. Victor Segno kann somit zu den Pionieren des „Positiven Denkens" gezählt werden. Durch sein Buch versucht er dem verständigen Leser zu vermitteln, dass es „Geistige Gesetze" gibt und dass die Art und Qualität der eigenen Gedanken, einen kausalen Einfluss auf das eigene Leben und die Erreichung der persönlichen Ziele haben. Schon in seinem Vorwort schreibt er: „*...daß wir je nach unserer Unwissenheit oder unserer Wahl Sklaven oder Herren sind; daß der Mensch als ein freies und unabhängiges Wesen geschaffen wurde, und daß das Joch, welches er trägt, nur von seiner Unkenntnis der Quelle der Intelligenz und der Gesetze, die das Leben beherrschen, herrührt; daß wir unsere Laufbahn auf dieser und in der künftigen*

Welt zu einer erfolgreichen oder einer erfolglosen gestalten können,
und daß die Entscheidung darüber in unsere Hand gelegt ist.".[10]

Das wiederum bedeutet nichts anderes, als dass die geistigen Gesetze wirken, egal ob wir sie kennen und anwenden oder ob wir ihnen bedingt durch Nichtwissen keine Beachtung schenken. Lieber Leser, als ich damals in die WG einzog, wusste ich bereits um die Macht der Gedanken. Und trotzdem stellte ich mir die Frage: „Wie konnte es nur soweit kommen?". Denn mein Umzug war ja ursprünglich ungewollt und ungeplant. Welchen Gedanken hatte ich keine Beachtung geschenkt? Auch die Gedankenwelt des Victor Segno muss durch Unachtsamkeit und Leidenschaft zeitweise in Unruhe geraten sein. Der Autor, welcher mit Annie Dell Segno verheiratet war und ein Buch darüber schrieb, wie man eine glückliche Ehe führt (*How to be happy tho`married*), brannte 1911 mit seiner ebenfalls verheirateten Sekretärin Irene Weitzel durch und verließ Los Angeles, wo er bis dahin als Trainer tätig war.[11] Das macht Segno natürlich nicht unsympathischer und lässt ihn sehr menschlich erscheinen. Sein Weggang aus L.A. und seine spätere Scheidung brachten ihn jedoch in ein unruhigeres Fahrwasser und ließen seine Popularität schwinden. Letzten Endes beweist Segno durch seine persönlichen Höhen und Tiefen, die Richtigkeit seiner eigenen Theorie. Dass er sich einer möglichen Abwärtsspirale durchaus bewusst war, belegt folgende Stelle seines Buches: *„Oft kommt es vor, daß ein erfolgreicher Mensch, seines dauernden*

---

[10] Victor Segno, Das Gesetz des Mentalismus; Vorrede; Verlag der SEGNO SUCCESS CLUB G.m.b.H. Berlin

[11] https://de.m.wikipedia.org/wiki/A._Victor_Segno

Erfolges sicher, gleichgültig oder selbstsüchtig wird und es unterläßt, kraftvolle Gedankenschwingungen in die Welt zu senden. Gleich fängt sein Erfolg an nachzulassen...[...]". (S. 31)

An dieser Stelle ist es Zeit für eine kleine Übung. Machst Du mit? Beantworte bitte folgende Fragen für Dich.

<u>*ÜBUNG:*</u>

1. *Welche Gedanken habe ich jüngst verdrängt und keine Beachtung geschenkt?*

2. *Stimmen meine vorherrschenden Gedanken mit meinen anvisierten Zielen überein?*

Wenden wir uns wieder dem Hauptwerk von Victor Segno zu. Es fällt auf, dass der Autor einen sehr schlüssigen Aufbau des Buches vorgenommen hat. Zuallererst definiert er seinen „Mentalismus". Er schreibt: „*Mentalismus ist die harmonische Tätigkeit der drei machtvollsten Sphären der Seele. Die erste derselben ist der Gedanke, die zweite die Energie des Äthers, die dritte die Willenskraft oder der Wille.*" (S.20)

Wir erfahren auch etwas darüber, wie er überhaupt auf den Begriff Mentalismus kam. Wie bei so vielen Ideen war es eine plötzliche Eingebung: „*Es war im Zustande der Konzentration, als sich mir das Gesetz des Mentalismus offenbarte. Die Erkenntnis kam mit der Schnelligkeit des Blitzes, und der Name `Mentalismus´*

21

erschien in meinem Gehirn, als wäre er mit feurigen Buchstaben dort eingeschrieben." (S. 55)

Des Weiteren beschreibt Segno die Wichtigkeit der Willenskraft und wie man diese ausbildet. Für mich war im Besonderen das Kapitel „Einsamkeit und Konzentration" beeindruckend und kraftspendend. In der WG war ich damals über Weihnachten komplett allein im Haus. Ja, „Johannes allein zu Haus"...Das war, wie in „WGtarische Kost" beschrieben, nicht sonderlich erquicklich.[12] Zumindest am Anfang! Doch Victor Segnos Worte richteten mich auf: *„Der Wert der Einsamkeit, des Alleinseins, ist gar nicht zu überschätzen. Alle großen Taten werden in der Einsamkeit geboren, alle großen Charaktere werden dort geformt."* (S. 69)

Segno empfiehlt in diesem Kapitel weiter, dass man täglich eine Stunde in sich selbst investieren sollte – um in Ruhe zu lesen und nachzudenken. Für mich der vielleicht beste Rat aus diesem Buch. Ich setzte das um, was der Altmeister der Motivation empfohlen hatte. Auch seinen Tipp, *„stets Papier und Bleistift bereit zu halten, damit die neuen Gedanken nach Maßgabe ihrer Ankunft niedergeschrieben werden können"* (S. 73), beherzigte ich. Das Resultat war mein Ganesha-Buch mit den Erkenntnissen aus dem WG-Leben.

Manchmal sind es die kleinen Ratschläge und Empfehlungen, die einen ein großes Stück voranbringen. Das „Gesetz des Mentalismus" ist ein wunderbares Buch und mein Buchkommentar soll und kann nur ein Appetizer sein. Wenn Du Lust bekommen hast, es zu lesen, wirst Du auch einiges erfahren über die Wahl des richtigen Berufes, darüber wie

---

[12] Jan Wörfel, WGtarische Kost – Das Erbauungsbuch; S. 45

man sein Gedächtnis stärkt und was die eigentliche Ursache von Krankheiten und deren Heilung (aus der Sicht von Segno) ist.

<u>Fazit:</u> *Ein sehr lesenswertes Buch von einem Pionier des „Positiven Denkens". Es enthält viele gute Tipps um erfolgreich zu werden und unterstreicht die Kraft und Bedeutung der eigenen Gedanken. Es beeindruckt, wie groß die Schnittmenge an Empfehlungen und Ratschlägen mit heutigen Erfolgs- und Motivationsbüchern ist. Gerade die deutsche Original-Übersetzung des Segno Success Club (Berlin) glänzt mit einer schönen und schlichten Sprache. Der Buchumfang beläuft sich auf 204 Seiten.*

02

Mein Erfolgs-System
Oscar Schellbach

Jeder, der sich mit dem Thema Erfolg und alten Erfolgslehren beschäftigt, wird bei kontinuierlicher Suche, irgendwann auf Oscar Schellbach stoßen. Der deutsche Motivationstrainer und Speaker nimmt in der „Hall of fame" der Motivationsgurus einen ganz besonderen Platz ein. Der Autor Schellbach, welcher 1901 in Halle/Saale geboren wurde (gestorben 1970 in Baden-Baden),[13] veröffentlichte erstmals sein Monumental-Werk „Mein Erfolgs-System" im Jahre 1929. Bis 1955 wurden 200000 Exemplare verkauft. Eine erstaunliche Auflage! Ich selbst besitze vier verschiedene Ausgaben – so auch die Jubiläumsausgabe von 1940, die unter dem alternativen Titel „Klugheit und Tat – Lebensbuch des positiven Tatmenschen" erschienen ist. Was mich an dem Buch so begeistert ist nicht nur der Umfang, der einen dazu ermuntert von einer Erfolgsbibel zu sprechen. Nein, es ist auch das Portfolio der Themen, das Schellbach mit seinem Hauptwerk abdeckt. So spricht er von der Bedeutung und Macht der eigenen Gedanken, führt aus, wie man seine Gesundheit fördert und erhält, wie man eine glückliche Beziehung gestaltet und wie materieller Wohlstand aufzubauen ist. Zentrales Thema ist dabei, die Wahl des richtigen, des geeigneten Berufes. Doch der geborene Hallenser ist kein Materialist. Stets betont er die

---

[13] https://de.m.wikipedia.org/wiki/Oscar_Schellbach

geistigen Ursachen des Erfolgs und unterstreicht, dass der Mensch sein Dasein und seine Macht (nach erlangter Erkenntnis) einem höheren Willen verdankt. (S. 12)

Auf die Frage: „Also ist die Grundlage der positiven Lebensführung eine bejahende Einstellung zur Religion?" antwortet Schellbach: *„Wie alle Wissenschaft sich zuletzt als Weg zu Gott erweisen wird, so ist Religion zugleich der Weg zum höchsten Wissen. Und beider Ziel: Im Sinne des ewigen Willens den Menschen zu schaffen, der die Krone der Schöpfung ist. Und dazu ist Freiheit unerläßlich, dazu muß der Mensch die Herrschaft über sich selber antreten, denn nur in der Freiheit der Entscheidung wird der Mensch zum Menschen. [...] Das moralische Gesetz des Himmels ruht im Gewissen des Menschen. [...] Das Gewissen allein bietet die Gewähr, daß Freiheit nicht zum Fluche wird. Also erkannt, ist auch Erfolgs-Systematik, gleich welcher Art, zuerst eine Sache rationaler Einsicht. Doch die dadurch mögliche Macht über die Gestaltung des Daseins bleibt ohne Blick auf den Willen des Ewigen ebenso Stückwerk wie alle Vernunft ohne Gott. Es bleibt immer noch etwas nach, was nicht in Formeln zu zwingen ist."* (S. 11-12) Ein Stück weit beschreibt das auch die Entwicklung meiner Lesegewohnheiten. Zuerst waren Motivations-bücher da, dann kamen die spirituellen Bücher.

Während Victor Segno vom Mentalismus sprach, gab Oscar Schellbach seinem System den Namen „Mental-Positivismus". Diese von ihm entwickelte Lebenslehre beruht auf 16 geistigen Prinzipien. Diese werden auch als sogenannte Denkgesetze bezeichnet.[14] Wie spannend so eine Auflistung sein kann, weißt Du vielleicht aus „WGtarische Kost", wo ich 10

---

14   https://de.m.wikipedia.org/wiki/Oscar_Schellbach

grundlegende Erkenntnisse der „Lebensklugheit" zusammengetragen habe.[15]

Oscar Schellbachs 13. Denkgesetz (bzw. Kernsatz) z.B. lautet: *„Nicht in der Ablehnung, sondern in der Bejahung liegt das Geheimnis größter geistiger Machtentfaltung."* (S. 185)

Und mit voller Begeisterung und Bejahung kann ich Dir dieses Buch nur wärmstens empfehlen. Im deutschsprachigen Raum war es übrigens bereits kurz nach seiner Veröffentlichung überaus erfolgreich, denn das Buch war die erste Form einer methodisch-strukturierten Erfolgs- und Lebenslehre. Die 15 anderen Denkgesetze und deren Anwendung sollst bzw. kannst Du bei Interesse selbst in „Mein Erfolgs-System" nachlesen. Denn auch dieser Buch-Kommentar kann nur einen sehr kleinen Einblick in dieses umfassende Werk geben.

Oscar Schellbach war nicht nur ein Pionier im Hinblick auf das „Positive Denken". Als einer der Ersten nutzte er die technischen Möglichkeiten seiner Zeit und ließ seine Erfolgsinhalte/-module auf Platte pressen. Seine sogenannten Seelephonie-Sprechplatten waren zuerst Schelllackplatten und später in Form von Vinyl-Schallplatten erhältlich. Schellbachs Leser konnten nun auch der eindringlichen Stimme des Autors lauschen. Heutzutage sind ja Hörbücher sehr beliebt und aus dem Alltag gar nicht mehr wegzudenken. Ich z.B. nutze gerne die Fahrzeit mit dem Auto, um mir Hörbücher über die verschiedensten Themen anzuhören.

Hatte man in den 30er Jahren ein Grammophon zu Hause, dann konnte man Schellbachs Seelephonie-Platten jederzeit hören. Vielleicht noch nicht so gut beim Autofahren! :)

---

[15]   Jan Wörfel, WGtarische Kost – Das Erbauungsbuch; S. 134

Der Erfolgstrainer Schellbach veröffentlichte u.a. Ende der 30er Jahre das Trainingsmodul „Redekunst von A-Z", eines der ersten systematischen und dabei sehr erfolgreichen Trainingskonzepte zum Thema Rhetorik.

Inhalte des speziellen Kurses waren die Atemtechnik, Stimmübungen und die gute Aussprache. Es war darüber hinaus jedoch ein vollständiges Konzept zur Persönlichkeitsentwicklung. In meinem WG-Zimmer hatte ich leider kein Grammophon, dafür aber einen Plattenspieler und so ersteigerte ich ein paar Schellbach-Platten. Offen gestanden bot ich auf alles was verfügbar war. Eine ältere Dame versteigerte die Schallplatten für einen noch älteren Herren, einen guten Bekannten – so berichtete sie mir auf Nachfrage. Die 50-60 Jahre alten Platten kamen in tadellosem Zustand an – verpackt in marineblauen, sehr dekorativen Originalschubern. Ich meine, sie sahen aus wie fabrikneu! Und so befragte ich die ältere Dame bei ebay: „Gibt es eine Geschichte zu den Schellbach-Platten? Haben Sie damit gearbeitet?"

Irmgard, so der Name meiner ebay-Partnerin, antwortete: „Meine Aufgabe ist es, die vielen guten Anschaffungen eines lieben Bekannten, der inzwischen 80 Jahre alt ist, zu verkaufen, da der Haushalt dringend verkleinert werden muss und die verbleibende Zeit immer kürzer wird. Er hat diese LPs, von denen noch ein paar vorhanden sind, vor langer Zeit angeschafft mit dem besten Willen, damit zu arbeiten.

Jedoch war zunächst der Beruf, der immer stressiger wurde, ein Hindernis, und danach kamen sofort die Krankheiten, die ihm Kraft und Energie raubten. Das Schicksal hat ihm einfach einen anderen Weg zugedacht, als er ihn ursprünglich gehen wollte."

Irmgards Antwort hatte mich zutiefst nachdenklich gemacht. Als ich die blauen Kartons mit den vielen Schallplatten in ihrem Topzustand begutachtete, musste ich an ihren Vorbesitzer denken. Er hatte das ganze umfassende Material gekauft, aber nie genutzt. Immer gab es Ablenkungen und so schob er es immer wieder vor sich her, die Schallplatten anzuhören. In seinem Buch „Mein Erfolgssystem" predigt Schellbach immer wieder: *"Nicht der Wille, sondern allein Erkenntnis macht frei!"* Wäre in Irmgards Bekannten die Erkenntnis gereift, durch das Hören der Schellbach-Platten und die praktische Anwendung der Empfehlungen und Ratschläge das eigene Leben ändern zu können, wie hätte er sein Leben gestalten können? Wäre er erfolgreicher gewesen? Natürlich! Hätte er positiv auf seine Gesundheit einwirken können? Durchaus denkbar! Möglicherweise wäre sein Leben komplett anders verlaufen. In „Mein Erfolgs-System" ermuntert uns Schellbach beständig, der Schöpfer unseres eigenen Schicksals zu werden. Und das Werkzeug, mit dem wir unser Leben nach unseren Vorstellungen formen können, sind unsere Gedanken.

Es ist wieder Zeit für eine kleine Übung. Bist Du bereit? Los geht´s!

ÜBUNG:

1. *Was hast Du bist jetzt immer wieder aufgeschoben? Inwieweit würde sich Dein Leben zum Positiven verändern, wenn Du es sofort bzw. sehr zeitnah tun würdest?*

2. *Welche Bücher, E-Books oder Hörbücher warten auf ihren Einsatz?*

Die letzten Seiten von „Mein Erfolgs-System" habe ich auf der Karlsbrücke in Prag gelesen. Das war zwei Jahre vor meinem Einzug in die WG. Die Karlsbrücke ist eine der ältesten Steinbrücken Europas und sehr solide. Genauso verhält es sich mit den geistigen Gesetzen, welche Schellbach in seinem Hauptwerk offenbart. Sie sind ehern und bilden ein Fundament, auf dem man sein persönliches Glück aufbauen kann.

Oscar Schellbachs Buch ist so umfangreich, dass ich immer wieder reinlesen kann und Neues für mich entdecke. Klar, dass man auch Inhalte vergisst. Eine Formel des Erfolgstrainers ist jedoch so eingängig und funkelt, wie ein Diamant, so dass sie mir immer in Erinnerung geblieben ist. Bist Du gespannt?

Hier kommt die Formel:

„Richtigmachen = Erfolg! Falschmachen = Misserfolg!" (S.15)

Schellbach schreibt: *„Wenn der Erfolg davon abhängig ist, ob wir etwas richtig oder falsch machen, so muss der Erfolg die Wirkung einer Ursache sein. Und was beweist das? Dass der Erfolg dem Gesetz von Ursache und Wirkung untersteht. Diesem Gesetz gilt es sich zu beugen…[…]".*

Wie kann ich jedoch zwischen richtig und falsch unterscheiden? Und wie kann ich das als richtig Erkannte dann in die Tat umsetzen? Schellbach erläutert, dass es das *Wissen* ist, welches einen befähigt, zwischen der richtigen und der falschen Aktivität zu unterscheiden. Kann ich das als richtig Erkannte dann auch durchführen (das *Können*) und in die Praxis umsetzen, so ist der Erfolg nahezu garantiert. Schellbach folgert: *„Weiß ich und kann ich das, was man zu tun hat, um Erfolg zu haben, so steht seiner bewussten Gestaltung nichts mehr im Wege."*

Aus meiner Sicht gibt es neben dem Wissen eine weitere Komponente, die uns dazu befähigt, zwischen richtig und falsch zu unterscheiden. Es ist unsere innere Stimme, unser innerer Guru! Dieser Lehrer, der uns den richtigen Weg weist, spricht zu uns, wenn wir ganz still werden. In der WG hatte ich ausreichend Zeit für Stille und Meditation. Und ja ich weiß, manchmal ist das gar nicht so leicht, sich dieser Stille zu stellen und nicht auszuweichen. Aber gerade das sind die wertvollen, erkenntnisreichen Momente. Wie oft hast Du Deiner inneren Stimme zuwidergehandelt? Warum tun wir oft die falschen Dinge, obwohl wir genau wissen, was richtig ist? Oftmals ist es ein Mangel an Energie. Oder einfach Langeweile. Auch wenn wir unsere Emotionalität nicht im Griff haben, können wir den falschen Weg einschlagen.

Ich kenne das nur zu gut. Und dann ist der Misserfolg vorprogrammiert. In der Bibel steht: *„Das Gute, das ich will, das tue ich nicht; sondern das Böse, das ich nicht will, das tue ich."* (Römer 7, Vers 19)

Ersetzt man *gut* durch *richtig* und *böse* durch *falsch*, dann beschreibt das Bibelzitat den Grundkonflikt, den man vor jeder Zielerreichung überwinden muss. Auch hier hat Oscar Schellbach natürlich völlig recht, wenn er immer wieder herausstellt, dass die Erkenntnis frei macht und nicht allein der Wille.

Ein guter Kompass zur Beurteilung der Frage nach richtig oder falsch sind auch die beiden Ganesha-Erkenntnisse aus „WGtarische Kost" (4. und 5. / „Niemandem schaden" und „Nutzen stiften"). Das Prinzip „Niemandem schaden" ist natürlich auch auf die eigene Person anzuwenden. Wenn ich z.B. einen gesunden und schlanken Körper als Ziel habe, dann sabotiere ich mich natürlich mit zuckerhaltigem, allzu fettreichem Essen selbst. Wenn ich mein Verhalten nicht ändern kann, dann habe ich nicht das optimale Energiepotential, ich leide unter meinem Übergewicht und schade so langfristig meiner Gesundheit. Ist das jedoch von mir erkannt, dann habe ich die Freiheit meine Essgewohnheiten dauerhaft zu verändern und schlussendlich erreiche ich mein Ziel.

Fazit: *„Mein Erfolgssystem" ist eine Erfolgsbibel, die durch ihren Umfang und durch ihre zeitlosen Wahrheiten und Erfolgsgesetze besticht. Das Buch zählt zu den Klassikern der deutschen Erfolgsliteratur und es ist erstaunlich, wie der damals 28jährige Oscar Schellbach so ein umfangreiches Werk erschaffen konnte.*

Aufgrund der Komplexität des Buches mit seinen vielen Ausführungen rund um die Themen Zielklarheit, Beruf, Gesundheit, Partnerschaft und Familie, lohnt es sich, das Hauptwerk Schellbachs immer mal wieder zu lesen. Ich habe bisher immer wieder Neues darin entdeckt.

03

Selbsthilfe
Samuel Smiles

Vor 10 Jahren – ich war gerade nach Bremen gezogen, hatte einen neuen Job angenommen und war auf Dienstreise. Abends lag ich erschöpft in einem komfortablen Hotelzimmer und zappte durch die zahlreichen TV-Kanäle. Bei einem jungen Mann, der in einem Schweinsgalopp durch die Wildnis rannte und immer wieder „Amazing" keuchte, stoppte ich und blieb fasziniert vor dem Bildschirm hängen. Ich sah die Sendung „Ausgesetzt in der Wildnis", bei welcher der Survivalkünstler Bear Grylls mit seinem Kamerateam, bestehend aus einem weiteren Überlebensexperten, in der Wildnis ausgesetzt wurde und sich unter Zuhilfenahme seiner ganzen Fähigkeiten und mit nur wenig Ausrüstungsgegenständen (welche zumeist nur aus einem Rucksack, Trinkflasche und Messer bestanden) in die Zivilisation zurückkämpfen musste. Bei dieser ersten Sendung mit Bear Grylls, die ich so gespannt verfolgte, da befand sich der Abenteurer gerade in China. Es heißt, „in der Not frisst der Teufel Fliegen". Bear Grylls ist da deutlich schmerzfreier und würde noch ein paar andere Insekten, im Speziellen dicke, ungegarte Raupen und große Käfer dazu packen. Mmmh, yummy! In China hatte er es in Sachen tierischer Notnahrung auf Größeres abgesehen. Aus Holz und Naturfasern baute er sich eine Art Racket, um Fledermäuse aus einer kleinen Höhle aufzuscheuchen und sie dann aus der

Luft „zu fischen". Fledermäuse in China! Heutzutage (2020) würde das garantiert eine Welle der Empörung hervorrufen und in den sozialen Medien müsste Bear Grylls wohl mit einer Bärenhatz rechnen. Womit mich Grylls allerdings „infiziert" hatte, war seine Abenteuerlust, seine Liebe zur Natur, sein wacher Blick für Details und Chancen, und seine strukturierte Vorgehensweise in der künstlich herbeigeführten Survival-Situation. Denn prinzipiell kann man eine Überlebenssituation in der Wildnis mit einer Lebenskrise gleichsetzen, welche man in den Gefilden der Zivilisation zu überstehen hat. Doch was hat das jetzt alles mit Samuel Smiles und seinem 1859 veröffentlichten Buch „Self-Help" (Selbsthilfe) zu tun?

Nun, zwischen Bear Grylls und Samuel Smiles gibt es eine sehr enge Verbindung. Ich bekam die Information darüber in Grylls Autobiografie „Schlamm, Schweiß und Tränen". Samuel Smiles ist der Ur-Ur-Urgroßvater von Bear Grylls, der mit bürgerlichem Namen Edward Michael Grylls heißt. Die positive, tatkräftige Herangehensweise an Probleme und Herausforderungen scheint also in der Familie zu liegen. Während Grylls in seiner TV-Show mit wirklich beeindruckenden Kletterkünsten glänzt, so strahlt Smiles Buch „Selbsthilfe" wie ein geschliffener Diamant in der Welt der Selbsthilfebücher. Mich hat das Buch erst nach meinem WG-Aufenthalt gefunden, aber aufgrund der großen zeitlosen Wahrheiten, die in der Übersetzung in einem ansprechenden Deutsch daherkommen, war es klar, dass es einen Platz in der Auswahl meiner besten Bücher bekommt. Und nun, lass uns die Inhalte von Self-Help unter die Lupe nehmen.

Über Samuel Smiles ist nicht allzu viel bekannt. Der 1816 in Schottland geborene Smiles, arbeitete ursprünglich als Wundarzt, wurde dann in der Redaktion der „Leeds Times" tätig und nachdem er eine langwierige Erkrankung (er war fünf Jahre gelähmt) vollends überwunden hatte, entfaltete sich seine schriftstellerische Tätigkeit. Für sein Buch „Selbsthilfe" konnte er ursprünglich keinen Verleger finden, so dass Smiles das Werk auf eigene Kosten auf den Markt brachte. (Selbsthilfe, Vorbemerkung)

Doch das Buch des Selfpublishers sollte einen ungeahnten Erfolg erfahren. Bis Weihnachten 1886 verkaufte sich „Selbsthilfe" 160 000 Mal! Es wurde u.a. in die russische und japanische Sprache übersetzt. Jahre vor der Veröffentlichung seines Bestsellers wurde Smiles von jungen Männern angesprochen, ob er in ihrer eigenen Abendschule Vorträge halten könne. Eine Gruppe von bis zu 100 jungen Leuten traf sich abends zum Zweck der eigenen Ausbildung und des wissenschaftlichen Austauschs. Es wurde an den Fähigkeiten des Lesens, Schreibens und Rechnens gearbeitet. Samuel Smiles referierte über die Themen Selbstvervollkommnung und Selbstbeherrschung. Er vertrat schon damals die Auffassung, dass das eigene Glück und Wohlergehen von einem selbst abhängt und untermauerte seine Lebensanschauung mit den Beispielen erfolgreicher Self-Made-Männer - Tatmenschen, die sich mit Charakter, Fleiß und Ausdauer nach oben gearbeitet hatten. Aus dem Fundus von Geschichten und eigenen Erlebnissen während dieser Vorträge schöpfte Smiles, als er dann sein Buch „Selbsthilfe" schrieb. Wenn ich Victor Segno als einen der Ur-Väter des „Positiven Denkens" beschrieben habe, dann dürfte Samuel

Smiles wohl die Position des Vater Abrahams zukommen. 1859 solch ein großartiges Buch zu verfassen, das war schon eine Wahnsinns-Leistung. Doch Smiles bleibt bescheiden und verweist auf viel ältere Quellen. „Diese Ratschläge [die er in seinen Kursen und später im Buch gab, Anmerkung des Verfassers] waren durchaus nicht neu oder originell; sie waren so alt wie die Sprüche Salomonis und vielleicht auch ebenso bekannt." (Vorwort zur ersten Ausgabe, VI) An diesem Punkt ist es erwähnenswert, dass aus meiner Sicht die Bibel und speziell das Buch der Sprüche als wesentliche Quelle der positivistischen Bewegung anzusehen ist. Es ist sicherlich eine hervorragende Idee, sich auch in die Lektüre der Sprüche Salomos zu vertiefen. Smiles Buch spricht mich im Besonderen an, denn ich wählte in der WG intuitiv einen Weg, der dem wesentlichen Zweck des Buches ähnelt. Smiles möchte, dass sich der Leser *„mit würdigen Gegenständen beschäftigt und sich lieber auf die Kraft der eigenen Anstrengung, als auf die Hilfe oder Gunst anderer Leute verlässt".* (Selbsthilfe, Vorrede)

Das war meine Herangehensweise, die ich bei der Überwindung meiner Lebenskrise, während meines Aufenthalts in der Wohngemeinschaft, befolgte. Ein essentieller Unterschied zu zahlreichen Erfolgsratgebern der letzten 50 Jahre besteht darin, dass Smiles sein Augenmerk auf die Charakterentwicklung des Menschen legt und nicht auf einzelne Techniken, die in ihrer Anwendung einen kurzfristigen persönlichen Vorteil bringen können. Er schreibt dazu in seinem Vorwort: *„Es [das Buch] will ihn [den Leser] daran erinnern, dass ein Jüngling arbeiten muss, wenn er genießen will – dass keine verdienstliche Tat ohne Fleiß und Anstrengung* *vollbracht werden kann – dass ein Student sich nicht durch Schwierigkeiten entmutigen lassen darf, sondern versuchen muss, dieselben durch Geduld und Beharrlichkeit zu überwinden – und dass er vor allem danach trachten muss, sich einen ehrenwerten Charakter anzueignen, weil ohne einen solchen das Wissen wertlos und der irdische Erfolg nichtig ist.*"

In einer persönlichen Krise, da stehen einem im günstigsten Fall die eigene Familie und Freunde bei. Deswegen sollte man sich immer bewusst sein, wie wichtig und wertvoll enge Beziehungen zu Menschen sind, die man liebt und schätzt. Diese Beziehungen gilt es stets zu pflegen. Doch manchmal steht man auch ganz allein da. Zumindest nachts, wenn man vor lauter Sorgen, Schmerz oder Trauer nicht schlafen kann, dann ist meist keiner da, der einen tröstet oder innerlich aufbaut. Dann ist es Zeit für die Selbsthilfe! Smiles betont: *„Selbsthilfe kräftigt in jedem Fall den, der sie übt."* (S. 1)

Gerade in der Feuerprobe einer Krise und natürlich auch in den kleineren Unzulänglichkeiten des Lebens zeigt sich der wahre Charakter des Menschen. Schwierige Ereignisse können den Anstoß dazu geben, dass ein gewöhnlicher Mensch einen außergewöhnlichen Charakter entwickelt. Der Autor von „Selbsthilfe" schreibt: *„Der individuelle Charakter allein bildet die solide Grundlage der Freiheit, und in ihm allein liegt auch die einzige zuverlässige Bürgschaft der sozialen Sicherheit und des nationalen Fortschritts."* (S. 3)

Das unterstreicht Smiles auch nochmal, als er formuliert: *„der mächtige Aufschwung der Nation ist hauptsächlich das Resultat der freien Kraftbetätigung der Individuen […]".* (S. 26) Als ich in der WG war, beschäftigte ich mich intensiv mit meinen Mitbewohnern und deren Gewohnheiten.

Oft waren sie mir dabei Vorbild wie in WGtarische Kost ausgeführt. Samuel Smiles schöpft aus den Biographien bekannter und weniger bekannter Männer, das sind u.a. Politiker, Poeten, Maler, Industrielle, Freiheitskämpfer und Erfinder. Er wartet mit einer derartigen Fülle an Lebensgeschichten auf, dass sie einen streckenweise erschlägt. Doch diese Beispiele haben Vorbildcharakter, denn Smiles ist überzeugt davon, dass die Darstellung eines derartigen Charakters *„sich unmerklich auf das Leben der anderen überträgt und so dass gute Beispiel auf kommende Zeiten verpflanzt wird".* (S. 5)

Einige Lebensbeschreibungen vergleicht er gar mit Heilsbotschaften: *„Einige der besten kommen fast einem Evangelium gleich; denn wie ein solches lehren sie uns ein edles Leben, eine edle Anschauungsweise und ein tatkräftiges Wirken für unser eigenes Wohl und für das der Welt."* (S. 6)

Einige wenige Menschen erlangen Erfolg und Ansehen auf sehr verschiedenartigen Gebieten. Smiles erwähnt hier den Schriftsteller Sir Edward Bulwer-Lytton, der u.a. den Roman „Die letzten Tage von Pompeji" geschrieben hat. Darüber hinaus war er allerdings auch *„als Novellendichter, Dramatiker, Historiker, Essay-Schreiber, Redner und Politiker"* tätig. (S. 21)

Begeistert lässt ihn Smiles mit folgenden Worten hochleben: *„Er hat seinen Weg Schritt für Schritt gebahnt, alle Bequemlichkeit verachtend, nur von dem brennenden Verlangen nach Auszeichnung beseelt. Was den bloßen Fleiß anbetrifft, so gibt es unter den noch lebenden englischen Schriftstellern wenige, die so viel schrieben wie er, und so viel Vorzügliches hat keiner hervorgebracht."* (ebenda)

Ein brennendes Verlangen scheint für überdurchschnittliche Leistungen absolut essentiell zu sein.

Interessant ist hier die Geschichte von Bernhard Palissy, der ein französischer Wissenschaftler und Emaillekünstler war. Smiles widmet Palissy über zehn Seiten in seinem Buch. Palissy hatte einen außergewöhnlichen, eleganten italienischen Krug gesehen. Als Glasmaler wurde er von da an von dem brennenden Wunsch angetrieben, das Geheimnis dieser ganz außergewöhnlichen Glasur des Kruges zu entschlüsseln. Allerdings hatte er sich nie zuvor mit dem Brennen von Tongefäßen beschäftigt und so erwarb er autodidaktisch die betreffenden Kenntnisse. (S. 66)

Sein Suchen nach der perfekten Glasur dauerte mehrere Jahre und als ihm bei einem Experiment schlussendlich beim Befeuern des Ofens das Brennmaterial ausging, machte er sich daran, den Gartenzaun zu verbrennen. Doch auch das reichte noch nicht. Smiles berichtet: *„Die Glasur schmolz nicht. […] Brennmaterial musste um jeden Preis herbeigeschafft werden! In seiner Wohnung gab es ja noch Möbel und Wandbretter. Plötzlich hörte man in Palissys Hause ein krachendes Geräusch, und unter dem Geschrei seiner Frau und Kinder, die allen Ernstes glaubten, der Hausherr habe den Verstand verloren, wurden Tische und Stühle zerbrochen und in den Ofen gesteckt."* (S. 69)

Das nenne ich mal ein brennendes Verlangen! Doch Palissys „Wahnsinn" wurde mit Erfolg belohnt. Er lüftete das Geheimnis und seine sonst gewöhnlichen Küchentöpfe waren von einer schönen, weißen Glasur überzogen. Wenn das Verlangen brennend ist, dann ist es auch sehr konzentriert. Und es muss sich wohl auch um eine „ewige Flamme" handeln, denn mit einem Strohfeuer hätte Palissy niemals das Geheimnis der Glasur gelüftet. Aber Palissy hatte den Charakter eines Erfinders wie Thomas Edison, der ja bekanntlich in jedem Rückschlag einen Weg sah, wie dem Ziel nicht näher zu kommen ist und das Ergebnis positiv interpretierte. Smiles berichtet über Palissy: *„Jeder gescheiterte Versuch war für ihn eine Lektion, die ihn etwas Neues über das Wesen der Glasur, über die Beschaffenheit der tonartigen Erden oder die Mischung der Tonsorten, sowie über den Bau und die Behandlung der Öfen lehrte."* (S. 72)

Für mich klingt das wie feinstes Reframing, wie es im NLP Anwendung findet.

("Reframing" von engl. „to frame", etwas umdeuten / „einen neuen Rahmen geben")

Es ist auch nicht unwahrscheinlich, dass Thomas Edison „Selbsthilfe" gelesen hat. Vielleicht hat Smiles gerade den zuletzt zitierten Satz in Edisons Bewusstsein verpflanzt. Um solche Ausdauer mit darauffolgender Meisterschaft zu erreichen, ist die Konzentration auf eine Sache erforderlich. Dieses Thema ist gerade in heutiger Zeit sehr präsent. Multitasking scheint der Konzentration auf eine einzige Aufgabe unterlegen.

Gerade an diesem Thema sieht man, dass solide Erfolgsprinzipien zeitlos sind, denn Smiles hatte die Konzentration auf eine Aufgabe schon vor über 160 Jahren betont. Er schreibt: *"Die Gewohnheit des Fleißes wird dem Menschen mit der Zeit so leicht wie jede andere Gewohnheit. Daher vermögen Personen mit mittelmäßiger Begabung viel zu vollbringen, wenn sie sich ganz und unermüdlich einer einzigen Sache widmen."* (S. 210)

Was ist also noch entscheidend, außer der Konzentration auf eine Sache? Es sind Fleiß und Beharrlichkeit! Im vierten Kapitel seines Buches beleuchtet Smiles diese beiden

Eigenschaften und findet wiederum Worte, die auch ihrerseits einen nachhaltigen Eindruck beim Leser hinterlassen.

„Der Weg des menschlichen Glücks ist die altbekannte Landstraße der Rechtschaffenheit, und den meisten Erfolg haben im Allgemeinen diejenigen aufzuweisen, welche am beharrlichsten und pflichteifrigsten sind." (S. 88)

„Man hat das Glück oft „blind" genannt; aber seine Blindheit ist minder groß als die der Menschen. Wer sich im praktischen Leben umschaut, der wird finden, dass das Glück gewöhnlich auf Seiten des Fleißigen steht." (ebenda)

An anderer Stelle zitiert Smiles Benjamin Disraeli, der neun Jahre später erstmalig britischer Premierminister wurde. Disraeli äußerte, *„das Geheimnis des Erfolgs bestehe darin, dass man seinen Gegenstand bemeistere, und diese Meisterschaft lasse sich nur durch beharrlichen Fleiß und unermüdliches Studium erreichen".* (S. 90)

Ein Lob auf den Fleiß! Ausdauer und Fleiß sind dem Talent auf lange Sicht überlegen, wenn das Talent nicht mit diesen beiden anderen Charaktereigenschaft genährt wird.

Ich denke gerade darüber nach, wie es in meiner alten Wohngemeinschaft um den Fleiß bestellt war. Meine Mitbewohner waren definitiv fleißig. Es galt anspruchsvolle Prüfungen an der Uni zu bestehen. Adam schrieb an seiner Abschlussarbeit über den „Schlammpeitzger". Danko brachte den Garten hinter dem Haus in Schuss und ich, ich vertiefte mich in meine Lektüre. Das waren jeden Tag circa 3 Stunden. Aber, wie in jeder guten WG, gab es natürlich auch viel

Gelegenheit für Ablenkung und Chillen. Ich denke da an die großen WG-Partys, die Gesprächsrunde in der Küche und das gemeinsame Serien-Schauen im Wohnzimmer. Für mich war das Wozi jedoch ein Ort der Selbstvervollkommnung. In den Morgenstunden bot es mir die nötige Ruhe, um ausgiebig und ungestört zu lesen und die aufgenommenen Inhalte zu durchdenken.

Smiles gibt in seinem Buch auch sehr hilfreiche Tipps und schöpft wiederum aus den Biografien anderer Leute. Viele Menschen beklagen ja, dass sie keine Zeit für das Lesen hätten. Smiles berichtet von dem Theologen Samuel Drew, welcher vor seiner geistlichen Laufbahn und seiner Autorentätigkeit als Schuster arbeitete. Drew äußerte selbst: *„Da ich mich durch die Arbeit meiner Hände unterhalten musste, so hatte ich für Lektüre wenig Zeit übrig, und um diesen Nachteil zu überwinden, pflegte ich beim Essen ein Buch vor mir liegen zu haben und bei jeder Mahlzeit fünf oder sechs Seiten zu lesen."* (S. 105)

Na Hauptsache Drew hat sich nicht verschluckt! Auch wenn man beim Essen achtsam sein sollte, 36 Mal kauen usw., so war in geistiger Hinsicht diese Gewohnheit Drews absolut bekömmlich. 5 Buchseiten – das scheint nicht viel zu sein! Doch sind es immerhin, bei drei Hauptmahlzeiten, 15 Seiten pro Tag. Nach nur zwei Wochen hatte Drews ein Buch mit durchschnittlich 200 Seiten Umfang ausgelesen. Das waren immerhin 24 Bücher pro Jahr, die sich der ehemalige Schuster als geistige Nahrung einverleibte. Man darf also nicht die kontinuierliche, wenn auch kleine Anstrengung unterschätzen. Die Ausdauer macht`s! Smiles nennt diese kostbaren „freien Augenblicke" auch „Zeitsplitter", die stets von hervorragenden Menschen für ihre kreative Entfaltung genutzt werden. Es ist wichtig diese Zeit für die eigene Entwicklung und Vervollkommnung (auf einem Interessengebiet ganz nach eigenem Gusto) zu finden und zu nutzen. Smiles schreibt: *„Eine Stunde den Tag, die dem Müßiggang oder wertlosen Bestrebungen entzogen würde, könnte es bei verständiger Anwendung einem Menschen von durchschnittsmäßiger Begabung möglich machen, eine Wissenschaft zu studieren. In weniger als zehn Jahren würde sich dadurch ein Unwissender in einen wohlunterrichteten Mann verwandeln."* (S. 122)

Was Smiles damit aussagt ist nichts anderes, als dass man es in 10 Jahren mit einem Eine-Stunde-pro-Tag-Studium zum Expertenstatus schaffen kann. Mit einem höheren Aufwand kann man diese Jahre sicherlich verkürzen. Die Magie liegt jedoch in der ausdauernden Anstrengung über einen langen Zeitraum hinweg, ohne dabei die täglichen Anforderungen außer Acht zu lassen und sich geistig und körperlich zu sehr zu verausgaben. Natürlich können einem 10 Jahre sehr lang erscheinen. Ich unterrichte selbst zwei Kampfkünste und wurde mal von einem Schüler gefragt, wie lange man braucht, um richtig gut in einer Kampfkunst zu werden und einen schwarzen Gürtel zu erlangen. Als erstes kam mir in den Sinn, dass heutzutage schwarze Gürtel zu leichtfertig vergeben werden. Aber das ist ein anderes Thema! Ich antwortete ihm, dass die Zeitdauer von seinem eigenen Ehrgeiz und der Anzahl der Trainings abhinge, die er besuchte. Und, dass es einige Jahre in Anspruch nehmen würde. Da machte er dicke Backen und sagte, er sei doch schon so alt! Daraufhin fragte ich ihn, was in ein paar Jahren wäre, wenn er nicht eifrig trainieren und sein Kampfkunst-Training sausen lassen würde…Da ging ihm ein Licht auf. Er würde einfach genauso viel älter sein, aber ohne schwarzen Gürtel und ohne die besonderen Fähigkeiten eines geschulten Kampfkünstlers. Es ist nie zu spät, um mit dem Training, dem Studium oder dem Lernen anzufangen!

Und jetzt ist mal wieder der passende Moment für einen köstlichen Schoko-Zeitsplitter, um sich zartbitteren Fragen zu stellen. Vielleicht schenken Dir Deine Antworten darauf kostbare Einsichten – los geht`s!

ÜBUNG:

1. *Wie würdest Du Deinen Charakter beschreiben?*

2. *Wie ist es um Deinen Fleiß und Deine Ausdauer bestellt? Sind das Stärken von Dir oder kannst Du noch eine Schippe drauflegen?*

3. *Nutzt Du Deine kostbaren „Zeitsplitter", welche Dir für Dein Selbststudium und für die Erreichung Deiner Ziele zur Verfügung stehen?*

Die Beantwortung der Frage zu Deinem Charakter war nicht so leicht, stimmt`s? Vielleicht überlegst Du Dir dabei, was andere über Deinen Charakter sagen würden. Wie würden sie ihn beschreiben? Smiles stellt immer wieder kristallklar heraus, dass die Entwicklung des Charakters entscheidend ist. Im Wörterbuch (duden.de) findet man folgende Definition des Wortes Charakter: „individuelles Gepräge eines Menschen durch ererbte und erworbene Eigenschaften, wie es in seinem Wollen und Handeln zum Ausdruck kommt". Der eigene Charakter ist demnach durchaus beeinflussbar und entwicklungsfähig. Wenn wir von einem Menschen sagen, dass er oder sie „Charakter hat", dann ist das positiv besetzt. Sie oder er hat z.B. eine eigene Meinung, die standhaft vertreten wird. Wir sagen „die Person hat Rückgrat". Wenn der Charakter im Wollen zum Ausdruck kommt, dann ist es vor allem auch das Verhalten, welches die Person zeigt, wenn der eigene Wille mal durch die Widrigkeiten des Lebens gekreuzt wird und keine unmittelbare Befriedigung erlangt wird. Denn dann zeigt sich die wahre Ausdauer und der Fleiß, die den zielbewussten Menschen über Ablehnung und Rückschläge hinweghelfen. Das ist die große, zeitlose Erfolgsbotschaft des Samuel Smiles. Und nahezu jede Umgebung kann Impulse geben, um sich in einer Krise wieder auf das Positive auszurichten. In der WG sagte mein Freund Amadeus zu mir: „Ich sehe Dich in 12 Monaten wieder ganz oben!" Und dabei bestärkte er eigentlich nur meinen eigenen Glauben. Schon sehr zeitig sah ich die Wohngemeinschaft als große Chance an, neue Einsichten zu gewinnen und um Kraft zu tanken. Natürlich kann man auch ein Retreat machen, nach Poona/Indien fliegen und den Osho Ashram besuchen.

Man kann auch nach Bodhgaya pilgern und den Bodhibaum bestaunen, oder ein Tony Robbins-Seminar besuchen. Alles wunderbare Dinge, die man tun kann! Man kann aber eben auch, wie ich es tat, in der scheinbaren Banalität einer WG kleine und größere „Erleuchtungen" erlangen. Wie passend ist da Smiles Anekdote zu einem Ausspruch eines Herrn Johnson (Andrew Johnson?). Der sagte zu einem Touristen, welcher just aus Italien zurückgekehrt war: *„Mein Herr, manche Leute beobachten und lernen mehr in der Hamsteader Postkutsche, als andere auf einer Rundreise durch Europa."*

(S. 112)

Es ist also die feine Beobachtungsgabe, die den Unterschied machen kann (6. Erkenntnis aus WGtarische Kost: „Auch das Unsichtbare sehen")

Und Smiles glänzt wieder mit einem Satz, welcher für die Ewigkeit gemacht ist: *„Der Unterschied zwischen den Menschen besteht vorzüglich in der verschiedenen Schärfe ihrer Beobachtungsgabe."* (S. 112) Damit erreicht Smiles religiöse bzw. spirituelle Tiefen. Im Buddhismus bspw. (Vgl. diesbzgl. Georg Grimm, Die Lehre des Buddho) ist das Beobachten der Phänomene, vor allem der eigenen Natur, die Beobachtung der geistigen und körperlichen Vorgänge, zentrales Element der Erkenntnisgewinnung. Ich kann nur mutmaßen welche Quellen Smiles zur Verfügung standen. Aber mit Sicherheit ist davon auszugehen, dass er Auszüge der vedischen Schriften in englischer Übersetzung gelesen hat. Denn das folgende Zitat ist eine lupenreine Beschreibung des Karma-Begriffes: *„Es liegt etwas Feierliches und Furchtbares in dem Gedanken, dass jede Tat, jedes Wort eines menschlichen Wesens eine Reihe von Folgen nach sich zieht, deren Ende wir nicht abzusehen vermögen. Jede unserer Handlungen oder Äußerungen gibt, bis zu einem gewissen Grade, unserem Leben seine Färbung und beeinflusst unmerklich auch das Leben derer, die uns umgeben. Die guten Taten*

46

und Worte leben weiter, wenn wir sie auch nicht Frucht tragen sehen – und ebenso verhält es sich mit allem Bösen, was wir tun und sagen." (S. 340/341) Ein Mann oder eine Frau, welche/r diese Worte verinnerlicht hat, vereint Positivismus, eine hohe Ethik und auch Bescheidenheit und Demut im Hinblick auf diese große Gesetzmäßigkeit, die alle Leben gestaltet und beeinflusst. So ist es auch erklärlich, wie umfangreich und zutiefst bewegend sich Smiles in der Beschreibung der Männer ausdrückt, die ausdauernd und unerschrocken gegen die Sklaverei gekämpft haben. In England z.B. gab es offiziell keine Sklaven. Jeder Sklave der aus Amerika kam, galt in England als freier Mann. Doch in England lauerten zahlreiche Kopfgeldjäger, welche schwarze Männer und Frauen entführten und gewaltsam nach Amerika in die Sklaverei zurückbrachten.

Smiles große Einsicht in das Gesetz des Karma kommt auch in folgendem Satz zum Ausdruck: *„Die Handlungen des Menschen gehen nie völlig verloren; wenn sich auch sein Leib in Staub und Luft auflöst: so fahren seine guten und bösen Werke doch fort, Frucht nach ihrer Art zu tragen und die künftigen Geschlechter für alle Zeit zu beeinflussen."* (S. 341) Das bedeutet kurz gesagt: Alles zählt! Unzählbar sind aber nahezu die Erkenntnis-Schätze, die Smiles in seinem umfangreichen Werk dem der Selbsthilfe zugeneigten Leser anbietet. Einiges davon liest sich wie eine Definition der Akasha-Chronik oder wie uraltes Buddha-Wort aus dem Pali-Kanon, wie es 1859 definitiv (auch in englischer Sprache) noch nicht übersetzt vorlag.

Jan wird auf seinem instagram-Account mr.erbauungsbuch weitere Kostbar-keiten aus Samuel Smiles Wissensschatz veröffentlichen. Also immer mal vorbeischauen!

Vor dem Fazit möchte ich Dir ein letztes Zitat von Smiles mit auf den Weg geben. Es erinnert mich an einen besonderen Moment in der WG. Es war Anfang März und draußen bitterkalt. Im gemütlichen Wohnzimmer hatte ich ein sehr aufbauendes Gespräch mit Adam geführt. Ich stand am Fenster und schaute in unseren Garten, der von einer dünnen Schicht Neuschnee bedeckt war. Noch immer tanzten die Schneeflocken durch die Nacht und mich überkam eine Klarheit, die einen gerade dann besucht, wenn innere Ruhe und Einsicht zusammenkommen.

„Die kleinen Ereignisse des Lebens mögen – einzeln betrachtet – außerordentlich unbedeutend erscheinen – so unbedeutend wie die leise fallenden Schneeflocken, die doch in ihrer Anhäufung die Lawine bilden." (S. 366)

<u>Fazit:</u> *Das Buch „Self-Help" von Samuel Smiles ist eine echte Kostbarkeit in der Selbsthilfe-Literatur. Es ist ein Klassiker, an dem sich nachfolgende Bücher dieses Genres orientiert haben. „Selbsthilfe" ist Motivationsbuch, Zeitmanagementbuch und spirituelles Buch in einem – also ein wahrhaftiges Erbauungsbuch. Smiles zeigt dem Leser Wege auf, um aus jeder Situation und Stellung heraus, eine Verbesserung im eigenen Leben zu erreichen. Er motiviert den geneigten Leser, gibt konkrete Tipps und Ratschläge und überreicht ihm so ein Rüstzeug, mit dem der Studierende sein eigenes Leben zielstrebig und moralisch gefestigt, zum Positiven verändern kann. Besonderen Schwerpunkt legt Smiles auf die Charakterentwicklung, die Ausbildung von Tugenden wie Ausdauer und Fleiß und die eigene Achtsamkeit im Hinblick auf vorhandene oder zu entwickelnde Gewohnheiten. „Selbsthilfe" ist ein großes, zeitloses Buch – ein Schatz in jeder Bibliothek!*

04

Die Entscheidung
Og Mandino

Wie muss ein Buch sein, um mehrere Male von der gleichen Person gelesen zu werden? Nun, es sollte unterhaltsam und lehrreich sein. Es sollte eine Fülle von Wissen und Weisheit beinhalten, so dass man gerne erneut darauf zurückgreift oder das Gefühl hat, bei einer ersten Lektüre des Werkes längst nicht alles erfasst zu haben. Im Idealfall sollte es einen guten Lesefluss begünstigen, sprich gut geschrieben sein, um dem Leser, der Leserin, keine zusätzliche Hürde in den Weg zu legen. Denn jeder Leser hat nur eine begrenzte Zeit zur Verfügung oder wie Samuel Smiles es formulierte, nur einige „Zeitsplitter" pro Tag (Vgl. Selbsthilfe, Samuel Smiles).

„Die Entscheidung" von Og Mandino ist so ein Buch! Ich habe es von all meinen Büchern am häufigsten gelesen – so an die 5 bis 6 Mal. Und es hält noch einen weiteren persönlichen Rekord. Ich habe dieses Buch am meisten ausgeliehen und es fand, begleitet von aufrichtigen, dankbaren Worten, immer wieder seinen Weg zurück in meine Bibliothek. Manchmal bleibt ein verliehenes Buch verborgen. Es findet eine neue Heimat und ich bin auch eher der Typ, der Bücher an andere verschenkt. Ich denke, dass ich „Die Entscheidung" immer zeitnah zurückbekam lag daran, dass Og Mandino ein begnadeter Schriftsteller war und sich das Buch sehr leicht und flüssig liest. Innerhalb meiner Zusammenstellung der besten Bücher um charakterlich, finanziell und spirituell zu wachsen, ist es das einzige Buch in Romanform. Og Mandino war ein amerikanischer Bestseller-Autor, dessen Selbsthilfe- und Motivationsbücher sich über 50 Millionen Mal verkauft haben. Laut Wikipedia wurde er besonders inspiriert durch die Selbsthilfegurus und großen Positivdenker Napoleon Hill, Clement Stone und Emmet Fox. Darüber hinaus war er ein gläubiger Christ und Weisheiten aus der Bibel verstand er gekonnt in seine Werke einzubauen. So auch in „Die Entscheidung". Für mich ist Og Mandino im Hinblick auf Autorentätigkeit und gutes Schreiben ein Vorbild. Ab und zu erinnere ich mich zurück an meine ersten Schreibversuche in der WG. Während meiner Woche über die Weihnachtsfeiertage, als ich allein im WG-Haus wohnte, saß ich 2 bis 3 Stunden konzentriert an meinem Schreibtisch und versuchte die Einleitung für mein erstes Buch zu formulieren. Es war ein Krampf! Die Worte wollten nicht sprudeln und sowohl mein Geist als auch meine Finger schwebten über der Tastatur meines Rechners. Im Adlersuchsystem fügte ich schüchterne Buchstaben zu hölzernen Sätzen zusammen. Alles ist schwer, bevor es einfach ist – das hat schon Goethe gesagt! Es fällt kein Meister vom Himmel, aber gute Bücher machen einen Autor nahezu unsterblich. Das Buch gibt dem verstorbenen Autor einen fast dauerhaften Körper, der seinen Geist lebendig für die Nachwelt aufbewahren kann. Og Mandino verstarb 1996 und wenn man sein Buch liest, spürt man immer noch seine mitreißende Motivation und Lebenskraft. „Die Entscheidung" ist Roman und Lebenshilferatgeber in einem und Mandino beschreibt hier offensichtlich sein eigenes Leben. Die Hauptfigur im Buch, Mark Christopher genannt, ist ein exzellenter Verkäufer von

Lebensversicherungen. Er ist als sehr wichtige und geschätzte Führungskraft im Unternehmen tätig, hat einen prall gefüllten Terminkalender und feiert einen beruflichen Erfolg nach dem anderen, weshalb er von einem Zeitungsreporter auch den Namen „Mr. Success" erhält. Doch als ihm an einem Sonntagmorgen seine beiden Söhne zum Geburtstag gratulieren, wird Mark bewusst, wie wenig Zeit er mit seiner Familie verbringen kann und dass er somit den Fokus für das Allerwichtigste in seinem Leben verloren hat. Er macht eine 180 Grad-Wende, kündigt seinen sehr gut bezahlten Job und beschließt Schriftsteller zu werden, umso mehr mit seiner Frau und den Kindern zusammen zu sein. Sie ziehen in ein idyllisches Haus. Auf dem großen Grundstück steht kurioserweise ein Leuchtturm, obwohl sich das Haus weit entfernt von der Küste befindet. Der Leuchtturm ist der perfekte Schreibplatz für Mark, in dem zuvor schon ein anderer erfolgreicher Autor tätig war. Der ehemalige Versicherungsvertreter arbeitet Tag und Nacht an seinem ersten Buch, dass wie sollte es anders sein, ein Selbsthilfebuch werden soll. Das Buch ist fertiggeschrieben, die finanziellen Rücklagen sind nahezu aufgebraucht, aber der Erfolg will sich noch nicht einstellen…Jeder, der sich schon mal an ein eigenes Buchprojekt gewagt hat, kennt diesen Kampf! Den Kampf einen guten Text zu schreiben, das Ringen um ein gelungenes Exposé, die Verlagsansprache und den Kampf um den Leser. Heute gibt es so viele neue Bücher, die durch Verlage und im Selfpublishing auf den Markt gebracht werden, dass der Ausspruch des Protagonisten Mark Christopher „*Ich werde Schriftsteller!*" (S. 29), ein sehr mutiger ist. Mutig, wenn man ernsthaft in Betracht zieht, vom Schreiben leben zu wollen.

Mandino schreibt: *„Eine kürzlich im Auftrag der Schriftstellervereinigung durchgeführte Untersuchung ergab, dass das mittlere jährliche Einkommen einer großen Anzahl von Autoren, deren Werke veröffentlicht werden, weniger als fünftausend Dollar betrug!"* (S. 44)

Der überwiegende Großteil der Autoren, sei es in den USA oder in Deutschland, ist auf einen sogenannten „Brotjob" angewiesen, mit dem sie ihren Lebensunterhalt bestreiten können. Darüber hinaus ist das Schreiben eine Arbeit der Stille. In höchster Konzentration fügt man Wörter zu einem ansprechenden Text zusammen und geht dabei durch ein „pfadloses Land" (J. Krishnamurti), um der interessierten Leserin, dem geneigten Leser, die selbsterkannte, eigene Wahrheit nahezubringen, indem man einlädt, der eigenen Spur zu folgen. Mandino lässt sein Protagonisten Mark sagen: *„Hatte ich ein Kapitel endlich zu meiner Zufriedenheit fertiggestellt, gab es keinen Beifall, kein anerkennendes Schulterklopfen, keine Standing Ovations, keine Glückwünsche für eine gut erledigte Aufgabe. Was für eine einsame Arbeit – ohne Feedback oder Ermutigung."* (S. 46/47)

Aber gerade in der Einsamkeit, in einer Phase des Rückzugs von der Welt, kommt man ja mit seinen tiefsten Wesensschichten in Berührung (Vgl. Richard Evelyn Byrd / Allein!) Deswegen ziehen sich die Menschen in der Meditation oder Kontemplation ja gerne von der Außenwelt zurück, die keine wesentlichen Erkenntnisse über das eigene Selbst liefern kann. Als Autor dringt man oft durch den Schreibprozess zum Kernhaften und Wesentlichen vor, auch wenn man z.B. nur scheinbare Alltagsbanalitäten beschreibt. Gerade Alltagsbeschreibungen sind so reichhaltig an Symbolen, mit denen auf viel größere Erkenntnisse und Zusammenhänge hingewiesen wird.

Als sich im Buch von Mandino sein Protagonist Mark Christopher (Christopher = der Christusträger) für die Schriftstellerei und gegen seinen topbezahlten Job in der Versicherungsbranche entscheidet, hat er eine kristallklare Entscheidung getroffen und beruflich alles auf eine Karte gesetzt. Über einen ehemaligen Kollegen findet er sein neues Domizil mit dem dazugehörigen Leuchtturm auf dem Grundstück. Der Turm ist der perfekte Schreibplatz für ihn und hier kann er auch seine vielen Bücher unterbringen. *„Ich begann meine Bücherkartons auszupacken und die einzelnen Exemplare auf den Borden des Leuchtturms aufzustellen. [...] Die unteren Borde, die ich von dem rauen Granitboden aus erreichen konnte, waren für meine bevorzugten und wertvollsten Bände über das Thema Erfolg und wie er sich erringen lässt, reserviert. [...] ...besaß ich mehr als siebzig Erstausgaben, darunter Werke wie Lectures to Young Men von Henry Ward Beecher, Self-Help von Samuel Smiles..."* (S. 41/42)

Nicht alle die viel lesen, schreiben auch, aber alle die schreiben, lesen viel! Mark Christopher hat Unmengen von Büchern, die er in seinem Leuchtturm unterbringt. Als ich in die WG einzog und mein Leben zuvor so richtig durchgerüttelt worden war, da wusste ich stets, dass meine Bücher mir treue Freunde sind, die Hilfestellung in schwierigen Zeiten geben. Sie waren mir ein kostbarer Schatz! Vielleicht hat Mandino den Leuchtturm in seinem Buch als Symbol verwendet, weil gute Bücher wie Leuchttürme sind, die einem in der Dunkelheit den Weg weisen.

Wenn es sich dann noch um eine rare Erstausgabe handelt, besitzt man einen Leuchtturm deluxe. Es ist ein erhebendes Gefühl, eine Erstausgabe eines geschätzten Buches in den Händen zu halten. Neulich habe ich im Internet ein Angebot für eine gut erhaltene Erstausgabe von Samuel Smiles Buch „Self-Help" gesehen – für nur schlappe 1200 britische Pfund. Das sind etwa 1330 Euro. Dieses Buch würde wunderbar meine Bibliothek zieren, aber leider sitzt das Geld noch nicht so locker!

Was Og Mandino in „Die Entscheidung" beschreibt, ist die Liebe zu der Familie und den Büchern. Seinen Protagonisten Mark Christopher lässt er ein Buch schreiben, welches anfänglich die gleiche Ablehnung von den großen Verlagen erfährt, wie so viele andere Bücher auch, um jedoch zeitverzögert einen unglaublichen Erfolg zu erzielen. Mandino lässt den Leser sehr emotional an diesem Erfolg teilhaben und transportiert so seine Botschaft, dass der Erfolg kein Zufall ist und sich durch Ausdauer und Willenskraft erringen lässt. Doch wie in jedem guten Roman, gerät die Hauptfigur in einen aufreibenden Konflikt, in welchem Mark Christopher sich einem höheren Willen gegenübergestellt sieht und um den richtigen Weg an der Grenze zwischen Leben und Tod ringen muss.

Konnte ich Dich ein bisschen neugierig machen? „Die Entscheidung" ist ein wahrer Lesegenuss. Jetzt ist es jedoch wieder Zeit für ein paar Fragen, um Deine eigenen Wahrheiten ans Tageslicht zu fördern.

Fazit: „Die Entscheidung" ist ein wunderbar geschriebenes Buch, das leicht zu lesen ist und zu einem Thema hinführt, welches alle Menschen in ihrem Leben beschäftigt. Inwieweit habe ich Einfluss auf mein Leben und wie kann ich meine wichtigsten Ziele erreichen? Wird mein Leben durch Gesetzmäßigkeiten bestimmt und kann ich durch besondere Eigenschaften und Verhaltensweisen überdurchschnittliche Erfolge erzielen? Darüber hinaus enthält es die weise Mahnung Mandinos, dass die eigene Familie, als innigster Verbund von sich liebenden Menschen (sei es die Liebe zum Partner oder zu den Kindern) niemals der Karriere (zumindest auf lange Sicht) untergeordnet sein darf. Mandino macht in seinem Roman *deutlich, dass verlorene Zeit unwiederbringlich ist und gemeinsame Erlebnisse mit der Familie kostbar und der Schlüssel für persönliches Glück und Harmonie sind. Auf der anderen Seite stellt er heraus, dass die Entscheidung für den richtigen Beruf, eine Wahrnehmung der inneren Stimme voraussetzt. Mandinos Buch ist ein Plädoyer dafür, der eigenen Bestimmung zu folgen, mutige Entscheidungen zu treffen und so das eigene Leben zu etwas ganz Besonderem zu formen. Denn wir sind alle vergleichbar den kostbaren Erstausgaben, deren Erfolg anfangs nicht absehbar ist - Ur-Drucke auf der Suche nach ihrem wahren Wesen, vorgelegt an der Uni des Lebens, um das eigene Potential voll auszuschöpfen.*

Das Buch hat einen Umfang von 222 Seiten.

05

Fünf Ringe
Miyamoto Musashi

Manchmal würde ich gerne in der Weltgeschichte
zurückreisen, mit einer Videokamera in der Hand, um
historische Persönlichkeiten aufzunehmen. Da wären unter
Garantie Gautama Buddha und Jesus dabei und noch viele
weitere, außergewöhnliche Menschen, die in ihrem Leben
etwas ganz Besonderes erschaffen haben oder durch ihren
Lebenswandel den Menschen Vorbild waren. Und auf meiner
Liste würde auch Miyamoto Musashi stehen. Wer war dieser
Musashi? Er war einer der größten Kämpfer Japans – im
Schwertkampf gilt er als der Beste, der je gelebt hat. Er ist also
in der Sprache des Boxsports ausgedrückt, in der Pound-for-
Pound-Rangliste die wortwörtlich unangefochtene Nummer 1.
Mit 13 Jahren hatte er seinen ersten Schwertkampf. Im Alter
von 29 Jahren bestritt er seinen letzten. Innerhalb dieses
Zeitraums schlug sich Musashi über 60 Mal und wurde nach
eigener Aussage „nicht ein einziges Mal um den Sieg
gebracht" (S. 13/14). Ein Kampfrekord, der jedem
Kampfkünstler einsichtig macht, welche Klasse Musashi
besessen haben muss. Denn für alle, die nicht viel mit
Kampfkunst oder Kampfsport am Hut haben, sei hier
nochmal der Vergleich zum Boxsport herangezogen. Welcher
Profiboxer hat heutzutage, wo die Rocky Marcianos selten
geworden sind, einen Kampfrekord von 60:0? Also 60 Siege
bei 0 Niederlagen? Sicherlich sind Musashis Schwertkämpfe

oftmals nach Sekunden entschieden gewesen und er musste sich nicht durch 12 x 3 Minuten durchfechten. Allerdings darf man sich vergegenwärtigen, wie gefährlich eine Auseinandersetzung mit einem japanischen Schwert ist, einem Schwert, welches noch heute weltweit großen Respekt und Ansehen hinsichtlich seiner Schärfe und Qualität genießt. Als Musashi jedoch über seine zahlreichen Siege reflektiert, wird ihm deutlich, dass es bis zu diesem Zeitpunkt nicht die Vollkommenheit seiner Schwertkunst war. Und so widmete er sich fortan dem unermüdlichen Training mit dem Schwert und erlangte mit 50 seine ganz persönliche „Erleuchtung" auf dem Schwertweg. Er schreibt selbst: *„Und endlich, ich hatte die Fünfzig erreicht, erkannte ich den wahren Weg der Schwertkunst. Seither verbringe ich meine Tage, ohne dass ich mich um den Weg besonders bemühen müsste. Indem ich mich dem Gesetz des Schwertweges ergebe, bedarf ich, zu welchen Künsten, welchen Fertigkeiten auch immer, keines Lehrmeisters, vermag ich das alles aus mir;"* (S. 14)

Musashi legt in seinem Buch also universelle Wahrheiten dar, weshalb es, neben den Beschreibungen der Kampfkunst und ihrer Techniken auch als ein Erbauungsbuch zu verstehen ist, aus dem der geneigte Leser Einsichten und Kraft schöpfen kann. Da zu Musashis Zeiten nun mal leider keine High Tech-Videokamera, „Made in Japan", zur Verfügung stand, und seine Schwertschüler den Meister in der Ausübung seiner Kunst nicht aufnehmen konnten, blieb Musashi nur das geschriebene Wort, um seine Schwertkunst für spätere Generationen zu erhalten.

Sein Buch selbst betitelt er „Gorin-no-sho", was übersetzt „Fünf Ringe" bedeutet. Die fünf Ringe sind fünf Einzelbücher.

Und auch wenn es hier nicht um die Olympiade geht, deren Symbol der verschlungenen Ringe die fünf Erdteile darstellen, so nennt Musashi das erste Buch „Buch Erde". In dieser ersten Abhandlung beschreibt der Meister „den Weg der Kampfkunst im allgemeinen" (S. 24). Er beschreibt hier das Wesen seiner eigenen Kampfkunst, der Nito Ichiryu oder auch Zwei-Schwerter-Schule genannt. Auf die Tatsache, dass man in seinem Stil mit zwei Schwertern gleichzeitig anstatt mit einer Klinge kämpft, darauf gehe ich noch ein. Nachdem Musashi mit dem Buch Erde das Fundament der Kampfkunst beschreibt, taucht er im zweiten Buch „Wasser" thematisch in die Tiefe seiner eigenen Schwertschule. Er beschreibt die innere Haltung des Schwertkämpfers. Er führt Kampfstrategien und technische Finessen aus, soweit sie in Worte zu fassen sind. Im „Buch Feuer" behandelt der Schwertweise „den Kampf als solchen" (S. 25) Hier unterstreicht er die Übereinstimmungen, die zwischen Kampf „Mann gegen Mann" und einer großen Schlacht mit zehntausenden von Gegnern bestehen. In seinem vierten Buch, dem „Buch Wind", beleuchtet Musashi die anderen Schwertkampfschulen. Wie könnte man meisterlich agieren, wenn man den Charakter der anderen Schulen nicht kennen würde? Der Meister schreibt selbst: *„Wenn man den anderen nicht wirklich kennt, wird man nur schwer zur Kenntnis seiner selbst gelangen."* (S. 26).

Ein stabiles Fundament, gründliche Kenntnis und Studium der eigenen Kampfkunst und Wissen über die Fähigkeiten des Gegners – nur das kann den vollendeten Sieg herbeiführen. Die Krönung seiner Niederschriften ist das „Buch Leere", indem er den Zustand beschreibt, den er erst nach langem

Studium erreicht hat. Musashi beschreibt das Ziel des Weges, auf dem man sich über kontinuierliches Training Fähigkeiten und Prinzipien aneignet, um sie dann zu überwinden, um als ein Meister der Kampfkunst (mit *„dem unverfälschten Herz als Richtweiser"*, S. 120) ganz aus sich heraus zu agieren und das Nicht-Erkennbare wahrnehmen zu können.

Das Nicht-Erkennbare ist die Leere, aus der sich alles Bestehende speist. Letzten Endes bleibt ja auch das wahre Wesen, das Kernhafte des Menschen, verborgen (Vgl. Grimm, Die Lehre des Buddho). Der physische Mensch und somit auch der Krieger entstammen einer Quelle, die in den Bereich der Transzendenz fällt. Doch bis zu dieser klaren Grenze, welche die Erfahrung und das Bewusstsein nicht überschreiten können (oder nur in höchsten Graden der Meditation), gilt es die eigene Wahrnehmung zu schärfen und die Dinge im Nebulösen wahrzunehmen. Dinge, die nicht unmittelbar wahrnehmbar sind – in der Kampf- oder Kriegskunst sind es die Gedanken, Pläne und Gemütszustände des Gegners. Auch die Erforschung des eigenen Charakters, der eigenen Verhaltensmuster sind essentiell, um den „Musashi-Zustand" in der Kampfkunst zu erreichen bzw. ihm nahe zu kommen. Was ist dafür notwendig? Die Bereitschaft zur Beobachtung, welche aus einem Charakter resultiert, der Verblendung und Stolz (im Sinne der Annahme der Persönlichkeit als etwas Wesenhaftes) überwunden hat. Doch wie bekommt man so feine Antennen, um das Unsichtbare wahrzunehmen? Musashi fordert von seinen Nachfolgern auf dem Weg der Schwertkunst, in seinem Buch Erde, neun Regeln ein.

Drei sollen hier genannt sein:

1. Sei nie arglistig in deinen Gedanken
2. Sei eifrig in der Übung des Weges
3. Habe acht auch auf die kleinen Dinge (S. 35)

Inzwischen trainiere auch ich 30 Jahre Kampfkunst. Seit 20 Jahren unterrichte ich eigene Gruppen und Schüler. Während meiner WG-Zeit leitete ich gut laufende Trainingsgruppen an der nahegelegenen Uni. Danko aus der WG wurde einer meiner eifrigsten Schüler.

Um gut in einer Kampfkunst zu werden ist es notwendig, beständig und ausdauernd zu trainieren. Für mich stand das Training immer an erster Stelle – vor dem Studium, vor meinen privaten Aufgaben und Pflichten...es war und ist Lebensphilosophie. Dieser Vertiefung bedarf es, um in dieser einen Sache, in der Kampfkunst, gut und einsichtig zu werden – wobei das Lernen, wie auch in anderen Disziplinen, ein lebenslanger Prozess ist und bleibt. Um den Gegner im Kampf in seinen eigenen Gedanken und Absichten zu erfassen, muss ich ihn „lesen" können. Das erfordert ein solides Fundament und eine Reinheit der Gedanken oder besonders im Kampfgeschehen eine Abwesenheit der Gedanken. Wie kann ich Empfänger für das innere Geschehen des Gegners sein, wenn ich mit eigenen Problemen, schweren Gedanken oder gar einem schlechten Gewissen belastet bin? Denn eine Überaktivität der eigenen Gedanken verlangsamt die eigene Reaktion und Intuition, untergräbt die eigene Präsenz im Kampfgeschehen und führt schlussendlich zu Verfallserscheinungen. Musashi betont immer wieder das

Nachlassen des Gegners, sprich den Verfall, wahrzunehmen. *„Auch beim Einzelgefecht geschieht es, dass der Gegner aus dem Rhythmus geratend, mitten im Kampf Verfallserscheinungen zeigt. [...] Wichtig hingegen ist, schon beim ersten Vorzeichen des Verfalls dem Gegner mit einem solchen nachdrücklichen Angriff nachzusetzen, dass ihm die Rückgewinnung seines Rhythmus abgeschnitten wird."* (S. 80)

Musashis erste Regel: *„Sei nie arglistig in deinen Gedanken."* ist somit das solide Fundament, auf dem der Übende der Schwertkampfkunst seine Fähigkeiten bis zur Meisterschaft entwickeln kann. Ein weiterer Vorteil, das Unsichtbare besser zu erkennen, besteht freilich darin, einer kämpferischen Auseinandersetzung schon im Vorfeld aus dem Weg zu gehen bzw. diese gänzlich zu vermeiden.

Denn ein Schwertkampf war kein sportlicher Vergleich, sondern immer ein Kampf auf Leben und Tod. Musashi schreibt: *„Wichtig vor allen Dingen ist indessen, dass man das Langschwert ergreift, um damit auf die ein oder andere Weise den Gegner niederzuschlagen."* (S. 50)

Musashi beschönigt nichts – es geht um das Töten eines Gegners. *„Ob man das seinerseits zum Schlag ansetzende Langschwert des Gegners pariert oder blockiert, ob man an ihm bleibt oder ihm nachsetzt, immer muss dies in der Bereitschaft erfolgen, den Gegner zu töten."* (ebenda)

Das waren natürlich raue Zeiten im damaligen feudalen Japan. Heute werden Auseinandersetzungen zum Glück nicht mehr mit Schwertern ausgetragen. Natürlich gibt es heute weit perfidere Waffen. Trotzdem halte ich es für lohnenswert, das Wissen um die Intensität des Trainings und die Prinzipien des Kampfes in die heutige Zeit zu transferieren.

Bei der Veredelung des eigenen Charakters sind die negativen Gedanken die auf uns einstürzenden Gegner, die mit aller Intensität niedergekämpft werden sollten - sei es mit Ausdauer und Motivation oder mit entwaffnender Offenheit und Beobachtung. Wollen wir unser Ziel erreichen, so müssen wir mit der Intensität eines Miyamoto Musashi dafür kämpfen, um alle Hindernisse zu überwinden. Unsere Schwerter sind dabei unsere Ausdauer, unsere Fertigkeiten, unsere Bereitschaft zu Lernen und unsere emotionale Intelligenz.

Hindernisse können aber auch unvorhergesehene Ereignisse sein, wie z.B. diese schwierige Lockdown-Corona-Phase (ich schreibe diese Zeilen während des 2. Lockdowns / Januar 2021), welche die Umsetzung einiger Ziele und Wünsche massiv einschränkt. Zurzeit gilt es die Ansteckung mit Covid einzudämmen. Apropos Ansteckung, auch im Kampf kann der Gegner angesteckt werden...mit einem trügerischen Rhythmus. Der Kensei beschreibt im Buch Feuer: *„In allem gibt es Übertragbares. Müdigkeit zum Beispiel oder ein Gähnen kann ansteckend sein. […] Wenn in der Schlacht der Gegner unruhig ist und es darauf anlegt, die Dinge hurtig zu betreiben, gehe man keinesfalls darauf ein, sondern zeige eine sichtbare Gelassenheit; hiervon angesteckt, wird der Gegner in seinem Gemüt erschlaffen. Sobald man von dem so veränderten Zustand des Gegners überzeugt ist, greift man selber mit unbelastetem Herzen rasch und heftig an und erringt den sicheren Sieg."* (S. 84/85)

Wenn man Musashis Prinzip „Den Gegner anstecken" auf die Thematik des Erfolgs überträgt, dann sollte man sich bewusst sein, dass selbst Freunde oder gute Bekannte einen ungewollt mit Negativen anstecken können – wenn sie uns beim

Mitteilen von Zielen und Plänen mit Zweifeln und Ängsten begegnen.

Dass unserem Willen, der sich in Form von Wünschen und konkreten Zielen ausdrückt, zahlreiche Hindernisse und Widerstände gegenüberstehen, davon sollte man nicht überrascht sein. Denn dann erschrecken wir, dann stoppen wir oftmals und leiden. Musashi schreibt: *„Das Herz erschrickt vor dem, was unerwartet geschieht."* Freilich wendet er das Prinzip des Erschreckens gegen den zu bezwingenden Gegner an. Wenn wir auf dem Erfolgsweg ein Ziel unbedingt erreichen wollen, wenn wir es vorab geprüft haben (Stiftet es Nutzen? & Schaden wir niemandem damit?), dann sollten wir nicht zögern und den „Feuersteinfunken-Hieb" (Hieb in der denkbar kürzesten Zeit / Anmerk. des Übersetzers) anwenden. Musashi beschreibt seine Technik wie folgt: *„Der Feuersteinfunken-Hieb wird, wenn beide Klingen aneinanderhalten, mit der heftigsten Gewalt geführt und ohne das eigene Langschwert im geringsten anzuheben."* (S. 53)

Die gegnerische Klinge ist dabei der Widerstand bzw. das Hemmnis, welches uns von der Zielerreichung trennt. In dieser Situation dürfen wir nicht zögern. Bezüglich der Ausführung des Feuersteinfunken-Hiebs fügt Musashi hinzu: *„Dazu braucht es kräftige Beine, einen kräftigen Leib und kräftige Arme; muss er doch, gestützt auf diese dreifache Kraft, blitzschnell erfolgen."* (ebenda)

Die kräftigen Beine sind für mich symbolisch das Fundament der Erfolgsprinzipien und geistigen Gesetze (Vgl. Der Kybalion). Sie geben einen festen Stand, aber auch eine geistige Beweglichkeit in Zeiten der Veränderung. Der Leib in dem „das unverfälschte Herz" schlägt, ist der Charakter, der sich beim Krieger durch beständiges Training und Meditation (die Musashi im Übrigen auch pflegte) herausbildet. Und die kräftigen Arme mit den schöpferischen Händen, stehen symbolisch gesprochen für die Entfaltung des Kriegers durch die Kampfkunst, für die Bewahrung der Lehre und des Weges und für die Variabilität der Techniken.

Na, juckt es Dich vielleicht schon in den Fingern, mal ein japanisches Schwert, vielleicht ein Katana, in den Händen zu halten? Ich kann mich noch gut an das Gefühl erinnern, als ich mein erstes Schwert von meinen Eltern geschenkt bekam. Ich war ein Teenager und das Schwert war ein Wakizashi. Es ist ein japanisches Kurzschwert, auch als Shoto („kleines Schwert") bezeichnet. Ich durfte es mir damals aussuchen und erinnere mich noch, wie der Verkäufer sagte: „Ah, das kleinere Schwert – liegt ja auch besser in der Hand.". Beide lächelten wir freudestrahlend. Er hatte seinen Deal gemacht und ich hatte ein schönes Deko-Schwert. Neben seiner Auswahl an Wakizashis hatte er natürlich auch Katanas (die japanischen Langschwerter) auf Lager. Ein Samurai trug beide Schwerter, sowohl Kurz- als auch Langschwert im Obi, im Gürtel des traditionellen Gewandes. Das besondere an Musashis Niten-Ichiryu Schwertschule war, dass man mit beiden Schwerter gleichzeitig kämpfte, während in den anderen Schwertschulen (wie heute im Kendo üblich) das Langschwert zweihändig geführt wurde. Musashis Philosophie war dabei folgende: *„Nach den Regeln meiner Schule wird von Anfang an die Kunst geübt, gleichzeitig Langschwert und Schwert, mit jeder Hand eines, zu erfassen; das entspricht der Realität. Denn in dem Augenblick, in dem man sein Leben zu verlieren droht, versucht man, sich jede verfügbare Waffe* *zunutze zu machen. Mit einer nicht benutzten Waffe an der Hüfte sterben, das möchte ja wohl keiner."* (S. 28)

Alle sich bietenden Chancen und die Fülle der eigenen Möglichkeiten nutzen, darum geht es sowohl im Kampf als auch im Leben; denn sein volles Potential zu nutzen, das ist die Garantie dafür, auch dem eigenen Tod im Alter, nach einem erfüllten Leben, etwas gelassener gegenüberzutreten.

So und jetzt pack Dein Zierschwert zurück an seinen Platz, leg die Gummi-Wurfsterne weg – es warten ein paar Fragen auf Dich!

ÜBUNG

1. Trainierst Du bereits eine Kampfkunst oder hast Du schon mit dem Gedanken gespielt, solch ein Training mal auszuprobieren?

2. Gibt es eine Sportart, ein Spiel oder eine wie auch immer geartete Disziplin, in der Du nahezu unbesiegbar bist? Wenn ja, warum ist das so?

3. Wenn Du Dich in den kommenden 10 Jahren nur einer Sache widmen könntest, welche würde das sein?

4. Welche Persönlichkeit aus der Welt des Kampfsports bzw. der Kampfkunst beeindruckt Dich?

> 5. Welche Eigenschaft von ihr/ihm könntest Du Dir aneignen?

<u>Fazit:</u> *„Fünf Ringe" ist ein Buch eines Kampfkunstmeisters, dass Einsichten und Weisheiten bereithält, die über das Wesen der Kampfkunst hinausgehen. Musashi offenbart universelle Prinzipien, die sowohl den Zweikampf und eine Schlacht, als auch das „gewöhnliche" Leben mit seinen vielen Herausforderungen bestimmen.*

Auch wenn Musashis Kunst auf das Töten eines Menschen abzielte, so beinhaltet sie auch seit jeher den Samen der Selbsterkenntnis. Für Kampfkünstler, die sich in der heutigen Zeit mit dem Ken-Jutsu (der Schwertkampfkunst) beschäftigen, ist das Buch eine ergiebige Quelle, um das eigene Training zu verbessern und um mit dem feudalen Japan und seinen Kriegern, den Samurai (und Ninja), in Berührung zu kommen. Eingangs fabulierte ich über die Idee, Miyamoto Musashi mit der Videokamera zu filmen...dass es nicht möglich war, hat auch seine gute Seite! Die ansprechenden „Fragmente" seiner Kunst, welche die „Fünf Ringe" darstellen, laden geradezu ein, die Lücken mit dem praktischen Training aufzufüllen. Denn eine alte Weisheit besagt, dass man eine Kampfkunst nicht aus dem Buch lernen kann.

06

Der Kybalion
Von drei Eingeweihten

„3 mal 7. Sieben Gesetze gibt es. Ich dachte mal, sie zu verstehen. Aber die Schlüssel...weißt du?!Und als ich nach den Schlüsseln fragte, sagte man mir... [...] nicht rein genug!" (Crazy Nick in WGtarische Kost, S.89)

Woran erkennt man einen Autor, wenn er seinen Namen nicht auf sein Werk schreibt oder seine Identität mit einem Pseudonym ummantelt? Klar, man sieht ihn durch seine Worte. Seine Worte und Formulierungen geben seine mentale Größe, seine geistige Größe preis. Durch die Wortwahl und den Inhalt kann der Autor das Gefühl der Anziehung beim Leser erzeugen und Sympathien für seine eigene Person auslösen. So ein Buch, welches zwar klein im Umfang ist, aber eine immense Tiefe der Gedanken aufweist, ist der bzw. das Kybalion. In der Besprechung dieses Buches sind beide Artikel gebräuchlich. Ich werde im Folgenden wie in meiner persönlichen Ausgabe des Werkes die Formulierung „der Kybalion" nutzen.

Der Kybalion wurde erstmalig 1908 veröffentlicht und die wahre Urheberschaft der „Drei Eingeweihten" wurde nie völlig geklärt. Für uns sind an dieser Stelle die Inhalte interessanter, denn die vorgestellten 7 hermetischen Prinzipien versprechen die Meisterung des eigenen Lebens. Als mein Freund Crazy Nick mir unter Alkoholeinfluss etwas von 7 Gesetzen erzählte (vgl. WGtarische Kost), wusste ich nicht, ob er den Kybalion mit seinen 7 Prinzipien meinte. Heute bin ich mir jedoch ziemlich sicher, denn um das vorgestellte Werk in seinem vollen Umfang zu verstehen, braucht es tatsächlich eine gewisse Reinheit, eine Reinheit in der Auffassungsgabe. Und diese erreicht man dadurch, dass man das Werk vorurteilsfrei liest und im ersten Lesedurchgang das Aufgenommene nicht sofort mit seinem bisherigen Wissensstand vergleicht und kritisiert. Aus meiner Sicht ist es notwendig, den Kybalion mehrere Male zu lesen, um den vollen Nutzen aus dem Buch zu ziehen.

Erwähnenswert ist noch, dass die Drei Eingeweihten aus sehr alten Quellen geschöpft haben. Die Autoren bedienten sich der *Tabula Smaragdina,* eines uralten, berühmten Textes, der traditionell Hermes Trismegistos zugeschrieben wird. Hermes soll ein großer ägyptischer Meister gewesen sein, ein „Meister der Meister", auf den viele esoterische Schulen zurückgehen. Eine weitere hermetische Schrift, auf die sich der Kybalion bezieht, ist die *Corpus Hermeticum,* „eine Sammlung von griechischen Traktaten […] über die Entstehung der Welt, die Gestalt des Kosmos sowie menschliche und göttliche Weisheit." (wikipedia)

Nun möchte ich Dir gerne die sieben hermetischen Prinzipien vorstellen und sie an Beispielen aus der WG griffiger machen. Die Prinzipien sind im Folgenden:

1. Das Prinzip der Geistigkeit
2. Das Prinzip der Entsprechung
3. Das Prinzip der Schwingung
4. Das Prinzip der Polarität

5. Das Prinzip des Rhythmus
6. Das Prinzip von Ursache und Wirkung
7. Das Prinzip des Geschlechts

Im Kybalion steht eingangs *„Die Lippen der Weisheit sind verschlossen, nur nicht für die Ohren des Verständnisses.".*
Für mich persönlich war das Haus unserer Wohngemeinschaft so ein Ort, an dem die Weisheit bereit war, zu mir zu sprechen. Meine Ohren waren aufnahmefähig genug, als ich demütig wurde, als ich innerlich ruhig wurde und Momente der Kontemplation in dem Gebäude und im WG-Garten genoss. Demütig wurde ich z.b. als mein eigener Körper mir erstmalig Belastungsgrenzen aufzeigte. Zahlreiche Momente der Kontemplation hatte ich während der vielen Lesestunden im Wohnzimmer und während ich Weihnachten alleine in der WG verbrachte. Und auch meine WG-Mitbewohner wurden zu Lehrmeistern. Im Zusammenleben mit ihnen lernte ich eine Menge. Adam lehrte mich das Loslassen und half mir zu innerer Ruhe zurückzufinden. Anastasia und Maja lehrten mich etwas über Natürlichkeit und über die kleinen Dinge im Leben, denen wir auch von Zeit zu Zeit unsere Aufmerksamkeit schenken sollten. Und Danko lehrte mich, dunkle Ecken im Haus zu meiden, wo er mit einer Gummiwaffe darauf wartete, meine Kampfkunstfähigkeiten zu testen. Aber immer wieder schlich sich auch das WG-Haus in meine Gedanken, so als hätte es eine eigene Wesenheit. Ich träumte von diesem magischen Haus, dass innerhalb von 13 Monaten meine persönliche Krise in einen strahlenden Erfolg verwandelt hatte.

In der Alchemie spricht man vom „„Stein der Weisen", der unedle Metalle in Gold verwandeln könne" (Der Kybalion, S.10).

Für mich war dieser Stein riesengroß. Es war das zweigeschossige WG-Gebäude, das mit seinem leeren Raum den Platz bot, um all die Weisheit in Form von Menschen, Gegenständen und Büchern aufzunehmen, die es mir ganz im Sinne der *„Kunst der hermetischen Alchemie"* ermöglichte, *„geistige Schwingungen in andere, anstatt ein Metall in ein anderes zu verwandeln."* (Der Kybalion, ebenda)

Um zu verstehen, dass diese mentale Verwandlung möglich ist, muss man das Verständnis des ersten hermetischen Prinzips, des Prinzips der Geistigkeit, haben. Der Kybalion lehrt: *„Das All ist Geist, das Universum ist geistig".* *Wichtig ist zu verstehen, dass hier keine Tautologie vorliegt. Mit dem All ist nicht das Universum gemeint. Das Universum entstammt dem „All".*

Das All ist die Grundlage der ganzen Erscheinungswelt und auch wenn es als unerkennbar und unerklärlich gilt, formulieren die drei Eingeweihten, die Autoren des Kybalion, dass es *„als universaler, lebender, schöpferischer Geist angesehen und gedacht werden kann".* (Der Kybalion S.12)

Das ist nicht wirklich einfach zu verstehen. Aus meiner Sicht ist es für das Verständnis des Alls hilfreich hinzuzufügen, dass das All neben der Erscheinungswelt bzw. dem Universum aus dem Nichts besteht. Also nicht einem absoluten Nichts, sondern einem Nichts, das sich trotz unserer fünf Sinne und dem analytischen Denken außerhalb unserer Wahrnehmung befindet. Das Gesetz, dass das All geistiger Natur ist, offenbart, dass wir als Menschen mit unserem Bewusstsein schöpferische Wesen sind.

So wird deutlich, dass eine Wandlung z.B. zu einer positiven, erfolgreichen und glücklichen Lebensweise immer ihren Ursprung im Inneren des Menschen hat. Um die Gestaltungskraft dieses schöpferischen Geistes jedoch besser zu verstehen, sind die folgenden hermetischen Prinzipien zu verinnerlichen.

„Wie oben, so unten, wie unten, so oben." so lautet das zweite hermetische Prinzip, das Prinzip der Entsprechung. Wenn man in einem mehrgeschossigen Haus lebt, dann kann man den Wahrheitsgehalt dieses Prinzips sehr schnell überprüfen. In unserem Fall, sprich in meiner WG, schaute man sich das Wohnzimmer in der ersten Etage an und ging dann ins Erdgeschoss in die Gemeinschaftsküche. Sehr oft stimmte der Ordnungslevel auf beiden Ebenen überein. Wenn ich meinen Mitbewohner Danko in seinem Zimmer besuchte, dann konnte ich aus dem Zustand des Zimmers eine Aussage über die Verfassung von Danko treffen, gemäß der Entsprechung *„wie innen, so außen"*. Wenn man mit einem philosophischen Abstand auf eine Wohngemeinschaft schaut, dann kann die WG durchaus als Mikrokosmos der Gesellschaft (z.B. als Mikrokosmos einer Stadt oder Bundeslandes) angesehen werden. So spiegelt die WG im Kleinen die Konflikte der Gesellschaft, aber auch deren Lösungsansätze wider. Besonders wertvoll ist das Prinzip der Entsprechung, da es hilft, auch das Unsichtbare sichtbar zu machen. Wie ist das möglich? Der Kybalion betont, dass durch die Kenntnis des Prinzips der Entsprechung, der Mensch *„verständnisvoll vom Bekannten zum Unbekannten seine Schlüsse ziehen"* kann. (Der Kybalion, S.14)

Diese Rückschlüsse haben jedoch ausschließlich Gültigkeit für die Erscheinungswelt.

Das setzt jedoch eine feine Beobachtungsgabe voraus. Diese hatte ich in der WG entwickelt. So war es möglich aus Spuren und Zeichen, Rückschlüsse auf das Verborgene zu ziehen, sprich Rückschlüsse auf die höhere oder niedrigere Ebene.

„Nichts ist in Ruhe, alles bewegt sich, alles ist in Schwingung". So lautet das dritte hermetische Prinzip. Dieser Sinnspruch könnte wohl über der Eingangstür einer jeden WG geschrieben stehen. In einer Wohngemeinschaft schwingt es überall. Manchmal sogar im Mülleimer oder im Badezimmer, aber das eher bei reinen Männer-WGs. Aber Scherz beiseite, es ist ein Ort der vom Ein- und Auszug von Menschen, von Mitbewohnern, geprägt ist. Es wird gelebt, es wird gelacht und gefeiert in einer WG. Und ja, manchmal, meist in den Semesterferien, ist eine studentische Wohngemeinschaft teilweise wie ausgestorben. Adam, mein alter Freund und Ex-Mitbewohner sagte mal zu mir: „Johnny, fünf Jahre in der WG reichen!" Für ihn war es nach mehreren schönen Jahren Zeit auszuziehen. Dadurch wurde ein Zimmer frei und es kam eine neue Person, welche die WG als solche in ihrem Charakter veränderte. Im Sinne des Kybalion bedeutet das Prinzip der Schwingung vor allem, sich vor Augen zu halten, dass auch für uns solide Materie ihrem Wesen nach schwingt und der Veränderung unterworfen ist. Um sich als hermetischer Schüler in Richtung der Meisterschaft zu entwickeln, ist es wichtig und notwendig, die *„eigenen geistigen Schwingungen so wie die anderer"* zu beherrschen und zu beeinflussen. (Der Kybalion, S.15) Sofort wird mein innerer Kritiker laut...waaas, einen anderen in seiner Geisteswelt

beeinflussen? Ja natürlich! Für unsere Ideen müssen wir andere gewinnen und begeistern. Dass diese Einflussnahme nur unter dem Monitoring der eigenen, hochentwickelten Ethik stattfinden kann, sichert das Verständnis des Prinzips der Entsprechung. („Niemandem schaden!"/ WGtarische Kost)

Kommen wir zu dem vierten hermetischen Prinzip, dem Prinzip der Polarität. Der Kybalion sagt: *„Alles ist zwiefach, alles hat zwei Pole, alles hat sein Paar von Gegensätzlichkeiten, gleich und ungleich ist dasselbe, Gegensätze sind identisch in der Natur, nur verschieden im Grad, Extreme berühren sich, alle Wahrheiten sind nur halbe Wahrheiten, alle Widersprüche können miteinander in Einklang gebracht werden."* (Der Kybalion, S.15)

Als eingängiges Beispiel führen die Autoren des Kybalion die Temperatur an. *„Hitze und Kälte, obgleich „Gegensätze" sind in Wirklichkeit dasselbe, die Unterschiede bestehen lediglich in den verschiedenen Graden desselben Dinges."* (Der Kybalion, S.16)

Ich bin von Natur aus eine „Frostbeule" und liege selbst im Sommer oft mit einer Decke auf der Couch. Jemand aus der WG würde sich bei den Temperaturen vielleicht „totschwitzen". Wenn Admiral Byrd (vgl. Richard Evelyn Byrd / Allein!) in seiner Holzhütte in der Antarktis, bei -27 Grad Celsuis, sich für die Nachtruhe in seinen 30er-Jahre-Schlafsack einmummelt, wer möchte da freiwillig mit ihm tauschen.

Freilich können wir sagen, „poahr, das ist aber saukalt", von einer absoluten Hitze oder einer absoluten Kälte kann man allerdings nicht sprechen. So etwas gibt es nicht. Wie der Kybalion sagt, *„es sind Grade desselben Dinges"*.

Unter das Prinzip der Polarität fällt natürlich auch der Bereich der Liebe. Wenn man vom Partner verlassen wird, liebt man ihn dann noch genauso wie vorher? Vielleicht sogar stärker? Bei manchen Menschen kann sich Liebe in Hass verwandeln. Oder die Liebe kann in der Partnerschaft verloren gehen und einem Gefühl der Neutralität oder dem Gefühl der Freundschaft weichen. Zuneigung und Abneigung sind auch wiederum nur Grade desselben Dinges. Als ich Weihnachten allein in der WG verbrachte, schrieb ich alle wichtigen Menschen auf je einen Zettel. Eine Person – ein Zettel. (vgl. WGtarische Kost, S.56/57)

Auch Menschen, die ich nicht mochte (die aber in meinem Leben eine spezielle Rolle spielten) schrieb ich auf. Dann setzte ich alle Personen durch die jeweiligen Abstände zu meinem eigenen Zettel zu mir ins Verhältnis. Die Freunde standen mir natürlich alle nahe. Durch die entsprechenden Abstände wurde mir klar, was den Unterschied in der Freundschaft bzw. den Grad der Zuneigung oder Abneigung ausmachte. Die besondere Power des Polarität-Prinzips ist, dass man bewusst die eigene Schwingung für ein spezielles Thema oder eine Person anheben kann. So kann man, auch wenn das natürlich kein leichtes Unterfangen ist, eine Person, für die man Ablehnung empfindet, auf eine neutrale „Empfindungsposition" verschieben. So befreit man sich von negativen Gefühlen, ist nicht mehr an diese gebunden und der Boden für eine Annäherung ist bereitet. Natürlich müssen wir nicht mit jedermann befreundet sein, aber Neutralität gibt uns die Freiheit, uns unbelastet um die eigenen Anliegen kümmern zu können. *„Die Kunst, geistige Zustände, Formen, Bedingungen in andere zu verändern und umzuformen"* (S.21), befähigt uns, Meisterschaft bei der Gestaltung unseres Lebens zu erlangen.

„Alles fließt aus und ein, alles hat seine Gezeiten, alle Dinge steigen und fallen, das Schwingen des Pendels zeigt sich in allem, das Maß des Schwunges nach rechts ist das Maß des Schwunges nach links, Rhythmus kompensiert." (Der Kybalion, S.17)

So lautet das 5. hermetische Prinzip, das Prinzip des Rhythmus. Wie Flut und Ebbe zusammen die Gezeiten bilden, so bestimmen Ein- und Auszug den Charakter einer Wohngemeinschaft. Eine WG ist geprägt durch den Zuzug von neuen Mitbewohnern. Diese bringen neuen Input und sind zumeist auch jünger. Wenn eine WG über lange Zeit Bestand hat, dann wird sie sich verjüngen bzw. wird der Altersschnitt gleichbleiben, obwohl doch die Bewohner ganz natürlich altern. Die Wohngemeinschaft, in der ich über ein Jahr wohnen durfte, besteht jetzt seit unglaublichen 20 Jahren. Aber es ist nicht unwahrscheinlich, dass sie ihren Höhepunkt längst überschritten hat. Irgendwann wird sie der Auflösung zum Opfer fallen. Vielleicht wird das Haus verkauft oder es wird eingerissen. Niemand kann das genau sagen, aber Fakt ist, dass alles und somit auch die WG ein Ende haben wird. Das ist das Gesetz des Rhythmus. Es gibt ein Entstehen, einen Aufstieg, gefolgt von einem Höhepunkt und einem Niedergang bzw. Zerfall. Danach hebt alles von neuem an. (*„Das einzige Beständige ist die Veränderung."* / WGtarische Kost)

In unserem Leben finden wir diese Pendelbewegung durchgehend. Glückliche Phasen werden unterbrochen von Krisen und leidvollen Zeitabschnitten, um dann wieder glücklichen zu weichen. Die Meisterung besteht darin, dem Pendelausschlag in die negative Richtung seine drastische

Wirkung zu nehmen. Der Kybalion berichtet über diese Meister: *„Sie können das Prinzip nicht annullieren oder bewirken, dass seine Ausübung aufhöre, aber sie haben durch Beherrschung des Prinzips gelernt, der Wirkung auf sie selbst zu einem gewissen Grade zu entgehen. [...] Der hermetische Meister polarisiert sich selbst an dem Punkte, wo er zu ruhen wünscht und dann neutralisiert er den rhythmischen Schwung des Pendels, der ihn sonst zum anderen Pol hintragen würde."* (Der Kybalion, S.18)

Es geht also darum „nicht wie das Pendel" hin- und hergeworfen zu werden. Wenn ich an ein Pendel denke, dann kommt mir mein eigenes Kampfkunsttraining in den Sinn. Ich trainiere und unterrichte eine Kampfkunst, in der ein schwingendes Pendel ein bevorzugtes Trainingstool ist. An diesem Utensil trainiert man seine eigene Fußarbeit, während das Pendel den angreifenden und flüchtigen Gegner simuliert. Im perfekten Umgang mit dem Pendel kann man es zurückverfolgen oder ihm nach hinten ausweichen, sodass man außerhalb seiner Reichweite ist. Meisterlich ist es jedoch, dem Pendel in seiner Vorwärtsbewegung ausweichen und es seitlich vorbeigleiten zu lassen. Das ist der Schlüssel in der Hermetik. Dem Pendel in seinem Negativschwung ausweichen bzw. den Pendelschwung abmildern. In der Kampfkunst erfolgt die Abmilderung des Pendels durch Kontrolle, durch die eigene Trainingswaffe. Im Leben sind unsere hilfreichen Waffen Achtsamkeit, Wissen und dessen Umsetzung, sprich unser offener, gut funktionierender Geist. Lass uns nun zum 6. Hermetischen Prinzip kommen. Es lautet: *„Jede Ursache hat ihre Wirkung, jede Wirkung hat ihre Ursache, alles geschieht gesetzmäßig, Zufall ist nur ein Name für* *ein unbekanntes Gesetz. Es gibt viele Ebenen der Ursächlichkeit, aber nichts entgeht dem Gesetz."* (Der Kybalion, S.18)

Ich denke, das ist vielleicht das anfänglich eingängigste Gesetz bzw. Prinzip, aber in seiner allumfassenden Konsequenz dann wiederum schwer zu akzeptieren. Denn es bedeutet, dass alles, was uns im Leben passiert, eine Ursache hat und nichts, wirklich absolut nichts, zufällig geschieht. Dieses Prinzip ist somit sehr, sehr kraftvoll! Denn es ist die Grundlage für die Geisteshaltung, der zufolge wir unser Leben aktiv gestalten können. Wir können immer im gegenwärtigen Moment eine positive Ursache setzen. Manchmal haben wir Dinge zu erdulden, unvorhergesehene Ereignisse (wie z.B. die Corona-Krise), Krankheiten oder auch Menschen, von denen wir uns unverstanden fühlen. Wenn wir in dieser Situation das Prinzip der Polarität nutzen, dann können wir bereits in der Krise eine positive Ursache setzen und darauf vertrauen, dass sie in der Zukunft Früchte tragen wird. Auch wenn wir nicht jeden kausalen Zusammenhang durchschauen können (der Buddha lehrte, dass Karma (sprich Handeln) aus früheren Leben unserer derzeitiges Leben beeinflusst), so zeigt uns ein Blick auf unsere zurückliegenden Jahre oder auf die Lebensentwicklung anderer, wie unser vorherrschendes Denken und Handeln unseren Lebensweg beeinflusst. Wer also schöpferisch sein Leben gestalten möchte und sich dieser Kraft bewusst wird, der kann zum Gärtner seines Lebens werden und eine reiche Ernte einfahren. Wie eingangs erwähnt, sind es sieben glorreiche Prinzipien. Das Prinzip des Geschlechts vervollständigt die vorangegangenen sechs anderen.

Es lautet: *„Geschlecht ist in allem, alles hat männliche und weibliche Prinzipien, Geschlecht offenbart sich auf allen Ebenen."* (Der Kybalion, S.19)

Unsere Eltern haben uns beide Anteile mit auf unseren Lebensweg gegeben, wobei natürlich entsprechend unserem Geschlecht, ein Anteil überwiegt. Das Prinzip des Geschlechts verweist jedoch vor allem auf die beiden Schöpfungsprinzipien. Die männliche Energie kann als aktiv, richtungsweisend und entschlossen definiert werden, während die weibliche Energie als empfangend, kreativ, intuitiv und sensibel beschrieben werden kann – vergleichbar dem Yin Yang-Symbol. Als ich in einem desolaten Zustand in die WG einzog, hatte ich kurz darauf die erbauliche Idee, die Krise als Chance zu sehen und meine Erkenntnisse schriftlich festzuhalten. Das war die Initialzündung zu meinem Ganesha-Notizbuch. Ich entschloss mich aktiv, aus meinem privaten Rückschlag einen Erfolg zu machen. Meine Beobachtungen und Einsichten, die ich empfing, füllten dann sukzessive über ein Jahr mein Notizbuch. Jan machte daraus ein Buch und schrieb „WGtarische Kost". (Das war dann die Schöpfung.)

Wenn unsere männlichen und weiblichen Anteile in Balance sind, dann können wir vielfältig schöpferisch tätig werden und die Welt mit unseren umgesetzten Ideen bereichern. Wir haben dann nicht einfach von Zeit zu Zeit tolle Ideen, sondern wir kommen ins Handeln und verwirklichen diese mit der ganzen Kreativität unseres Wesens.

Fazit: Der Kybalion ist ein Klassiker, den man unbedingt gelesen haben sollte. Auch wenn das Buch vom Umfang überschaubar ist, hat es einen Informationsgehalt, der es einem ermöglicht, nur einen Satz daraus, durch Einsicht und Verständnis, immer weiter zur Entfaltung zu bringen. Der Kybalion ist wie ein Kompass. Immer wenn man vom eigenen Lebenskurs abkommt und in eine Krise zu steuern droht, kann man sich auf die sieben hermetischen Prinzipien besinnen und den Weg zurück zu Balance und Glück finden. Die sieben Prinzipien werden in dem Buch ausführlich anhand von Beispielen erklärt. Besonders interessant ist auch die Definition des Ich (bzw. Selbst), welche der Kybalion liefert. Meine persönliche Ausgabe des Buches umfasst 108 Seiten.
Somit kann man einen ersten Lesedurchgang mit einem durchaus geringen Zeitaufwand bewältigen. Allerdings ist es für ein

tiefergreifendes Verständnisnotwendig und hilfreich, den Kybalion mehrfach zu lesen.

07

Die Lehre des Buddho (DLDB)
Georg Grimm

Die Buddha-Lehre wird ja auch als „Insel, die einzige" bezeichnet, die aus dem Meer des Leidens herausragt und Erlösung und Glückseligkeit verspricht. Auf genau so eine einsame Insel würde ich dieses Buch, welches ich Dir jetzt vorstelle, mitnehmen. Hier spreche ich von „Die Lehre des Buddho", dem Hauptwerk von Georg Grimm. Voller Bewunderung und beinahe ehrfürchtig bewahre ich Grimms Buch in meiner Bibliothek. Ich habe mehrere Ausgaben davon. So eine Erstausgabe von 1915 und fremdsprachige Ausgaben in Englisch und Französisch. Nach meiner Zeit in der WG habe ich an einem Treffen des „Freundeskreis Georg Grimm" teilgenommen. Es ist eine Gemeinschaft, welche die Bücher und somit die Auslegung der Buddha-Lehre durch Georg Grimm schätzt und für treffend hält. Bei den Zusammenkünften kommt es zum freundlichen Gedankenaustausch unter Buddhisten und es wird gemeinsam meditiert. In einem Gespräch äußerte ein Teilnehmer mir gegenüber, dass er bei einer Neuauflage von „Die Lehre des Buddho" (im Folgenden mit DLDB abgekürzt), „nicht ein Komma verändern würde." Ich sehe das ganz genauso! Unter über 500 von mir gelesenen Büchern ist es mir das kostbarste. Bei dem gerade genannten „Komma" muss ich unweigerlich an einen Samen denken, welcher auf fruchtbaren Boden fällt. DLDB war bei mir definitiv die Aussaat oder anders formuliert der entscheidende Impuls, der mir einen Zugang zum Buddhismus eröffnete.

Bevor ich jedoch näher auf dieses großartige Buch eingehe, lass mich zuerst kurz beleuchten, wer dieser Mann, der es so einsichtig verfasste, überhaupt war. Georg Grimm wurde 1868 in Rollhofen bei Nürnberg geboren. Als junger Mann studierte er zuerst Theologie, wandte sich jedoch später den Rechtswissenschaften zu. Bis zu seiner Pensionierung 1919 (aus gesundheitlichen Gründen) war er als königlich-bayrischer Amtsrichter tätig und galt während seiner Amtszeit als „mildester Richter Bayerns". Zu seinem 40. Geburtstag (1908) bekam er von seiner Frau Rosa eine Ausgabe von „Mittlere Sammlung" geschenkt. Die Mittlere Sammlung beinhaltet 152 Buddha-Reden. Sie ist Bestandteil des Pali-Kanons (…) und wurde von Karl Eugen Neumann ins Deutsche übersetzt. Grimm, der durch sein Studium der Philosophie Schopenhauers bereits auf den Buddha aufmerksam geworden war, fing nun an, sich intensiv in die Buddha-Lehre zu vertiefen. Ein besonderer Höhepunkt dieses Studiums war 1915 die Veröffentlichung von „Die Lehre des Buddha" im Piper & Co.-Verlag. Während es zu diesem Zeitpunkt schon zahlreiche Bücher zum Buddhismus und dem Thema Buddha gab, die sich jedoch oft mit geschichtlichen Aspekten des Buddha beschäftigten, hatte Grimm den Anspruch, sich ausschließlich auf die Lehre des Buddha zu konzentrieren und diese in anschaulicher, verständlicher Weise darzustellen (DLDB Vorrede S.10, „*Es soll eine Darstellung der Lehre sein, demnach keine mehr oder minder geistreiche Abhandlung über sie* […]."").

Was mich am Buddha und an Georg Grimm so begeistert ist die Vorgehensweise, wie der eine seine Lehre weitergibt und der andere sein Buch aufbaut. Sie tun es sukzessive, durchgehend nachvollziehbar und logisch, Stück für Stück, und nehmen den Schüler bzw. den Leser mit auf eine Reise, eine Reise zum Mittelpunkt, zum Kernhaften. Und dieser Ausflug ist nichts anderes als das größte Abenteuer eines Menschen überhaupt, denn es geht um die Erforschung des eigenen Selbst. Dieses Selbst ist das, was übrigbleiben würde, wenn man alles Vergängliche vom Menschen abzieht. Und so hat der Buddha den menschlichen Körper, die Empfindung, die Wahrnehmung und die Gemütsregungen untersucht. Sie und das Denken, das Bewusstsein, sind allesamt vergänglich und somit nicht das Selbst bzw. das Ich. Aus dieser Vergänglichkeit hat der Buddha, die erste der Vier Edlen Wahrheiten abgeleitet („Das Leben ist Leiden."). Er meint damit alles am Leben, weil schlussendlich alles zerfällt oder in Auflösung begriffen ist, um danach in anfangslosen Karma-Ketten neu zu inkarnieren (und das in unterschiedlichen Sphären bzw. Welten). Auch Grimm stellt heraus, dass am Lebensende eines Genussmenschen, in seinem *„Lebensbuche alle Aktivposten verschwunden und nur Passiva übrig geblieben"* sind (DLDB, S.92).

Natürlich wird im Tode jedem Menschen, ausnahmslos, alles entrissen. Er verliert seinen Körper und das aus diesem generierte Bewusstsein, verliert den Kontakt zu seinen Familienangehörigen und Freunden, sprich: er wird der Welt entzogen.

Als ich aus meiner großen Wohnung - in der ich mit Joy ein paar sehr schöne Jahre verbracht hatte - auszog, war das für mich auch wie ein kleiner Tod. Freundin weg. Wohnung weg. Und später auch der Job weg. Das alles hatte mich in eine tiefe Krise gestürzt. Es war ganz so, wie Grimm die letzten Eintragungen im Lebensbuch eines „Genuss- oder Weltmenschen" beschreibt. Trotz der schönen Jahre mit meiner Ex-Freundin, blieb mir nur der gegenwärtige Moment der Trauer. Natürlich war ich dankbar für die gemeinsame Zeit, doch die Traurigkeit überwog und schmerzte im krassen Kontrast zu den zahlreichen schönen Erinnerungen. Aber natürlich war mir nicht alles genommen worden, ich hatte ja noch meine Familie, die hilfreichen Freunde und die guten Bücher. Der Verlust öffnete für mich den Blick auf die Dinge, wie sie sind.

Warum sich nun solch eine Begeisterung und Euphorie für das Buch, für DLDB einstellte, will ich für Dich im Folgenden gerne ausführen. Was der Buddha in seiner Lehre herausstellt ist, dass jeder für sein eigenes Handeln in vollem Umfang verantwortlich und „haftbar" ist – das Gesetz von Karma. Freilich hat Gautama Buddha das Karmagesetz nicht erfunden, aber gerade das ist ja ein weiterer Aspekt seiner geistigen Größe, dass er von anderen Weisen Erkanntes, nachdem er es als wahr geschaut hatte, übernahm. Und so schulte mich Grimms Buch noch eindringlicher als je zuvor, dass jeder Wirkung eine Ursache vorausgeht. Viele Ursachen für meine Misere wurden mir offenbar. Aber auch all das Gute in der Krise! Ich hatte mich stets um meine Freunde gekümmert.

Jetzt waren sie da und halfen mir! Ich hatte verdammt viel gelesen. Jetzt konnte ich auf die Ideen meiner Bücher zurückgreifen und so an meinem „Comeback" arbeiten.

Das war ein unglaublicher Segen. Ich hatte es jedoch selbst verursacht. Der Buddha arbeitete vor ca. 2500 Jahren, bei seiner letzten Inkarnation als vollends Erwachter, jedoch nicht an einem Comeback. Er wollte aus dem Samsara (bzw. Samsaro), dem endlosen Daseinskreislauf mit all seinem Leiden, ausscheiden, wofür er mit seiner Erleuchtung unter dem Bodhibaum das Fundament legte. Mit seinem Ableben (nach fast 45 Jahren Lehrtätigkeit) entschwand er ins Nirwana. Auch wenn nicht jeder dazu berufen ist, in diesem Leben „den Zustand des Nirwana zu schauen", so ebnet sich der Mensch doch, mit jeder seiner Handlungen den eigenen Weg in die selbst gewählte Destination, ganz nach seiner Erkenntnis, seinem Willen und seiner „Wahlverwandschaft". Wer in die Tiefe gehend erkennt, dass Alles mit Allem verbunden ist, erläge noch dem Wahn, einem anderen Schaden zufügen zu wollen? (WGtarische Kost – Niemandem schaden!)

Wer gäbe dann noch dem Stolz den Vorzug vor der Gabe der Beobachtung? Wer sähe dann kernhafte Unterschiede zwischen Menschen aus unterschiedlichen Nationen? Wie käme es dann letzten Endes noch zu Kriegen bei denen Menschen Menschen töten?

Was mich an Georg Grimms Buch total begeistert ist die Tatsache, welche Konsequenz er einfordert, wie er seinem Leser die Augen öffnet und wie er mahnend (und dabei nicht schulmeisterlich) auf eine moralische Lebensführung hinweist (Z: *„Wie wenig Menschen gibt es, die am Schlusse ihres Lebens keine Gewissensbisse, diesen einzigen Gradmesser allen moralischen Fortschritts, und damit die unmittelbare Gewissheit in sich empfinden, dass sie wirklich moralisch vorwärts gekommen sind und* *deshalb ruhig und vertrauensvoll sterben können* [...]" (Grimm, S.122)

Es wird klar, dass alles, wirklich alles zählt! Jeder Gedanke, jedes Wort (*„welches an sich schon eine Tat darstellt"* (Georg Richter)) und natürlich jede Tat führt zu einem Ergebnis und wir haben es in der Hand in welche Richtung wir uns wenden, welche Sphäre wir anstreben. Da sind wir wieder bei den Positivdenkern. Der Unterschied besteht jedoch darin, dass der Buddha gelehrt hat, dass der Körper und die daraus resultierende Persönlichkeit eben nicht das eigene Ich, nicht das Selbst, sein können. Im Hinblick auf diese Tatsache stößt die Persönlichkeitsentwicklung an ihre natürlichen Grenzen. Wer sein Heil ausschließlich in der Persönlichkeitsentwicklung sucht, wird im Verlaufe seines Lebens in immer mehr Konflikte geraten und schlussendlich in größter Verzweiflung die Auflösung dieser unbeständigen Persönlichkeit bedauern. Jedoch hat die Persönlichkeitsentwicklung und ihre damit einhergehenden Anstrengungen ihre Berechtigung, vor allem wenn diese Bemühungen in echter Charakterentwicklung münden (siehe Dr. Stephen Covey). Aber wie lässt sich denn nun die Buddha-Lehre mit einer positiven Lebensgestaltung in Einklang bringen?

Wenn man sich nicht für die Hauslosigkeit entscheidet und z.B. eine Familie haben möchte, dann kann man sehr wohl eine gute Laien-Buddhistin, ein guter Laien-Buddhist sein. Reine, aufrichtige Gedanken werden die Saat für positive Worte und nutzenbringende Taten sein. Wohlgewählte Worte werden die Harmonie, den Frieden und den Einklang in der eigenen Welt fördern und anderen helfen, auf einen guten

Weg zu finden. Worte können motivierend, heilsam und beruhigend sein. Und die guten Taten führen gesetzmäßig, einer ehernen Kausalität folgend, zu gutem Karma, zu guter Frucht.

So ist es bei ausdauernder Anstrengung eines veredelten, gefestigten Charakters möglich, jedes langfristige Ziel zu erreichen. Man muss sich jedoch darüber im Klaren sein, dass die Bewertung eines Erfolges in späterem Rückblick (durch möglichen Verlust oder Verschiebung der Werte) nicht mehr auf der *„Aktivpostenseite des Lebensbuches"* steht. Meiner Überzeugung nach kann die Erkenntnis, dass man in der Welt erfolgreich materialisieren kann (*„Du kannst alles in der Welt sein, weil du nichts von ihr bist."* / in: „Der Samsaro" von G.Grimm) dazu führen, sich von ihr zu lösen. Doch das ist eine andere Geschichte und Stoff für ein weiteres Buch…Wichtig ist an der Stelle zu erwähnen, dass wir bei einer der elementarsten Einsichten des Buddha, einem der wichtigsten Pfeiler des Buddhismus angekommen sind: ein Selbst, ein Ich, ist in der Welt nicht zu finden! Alles ist an-atta. (Anatta – kein Selbst, nicht das Selbst; ein elementarer Begriff des Buddhismus aus der Pali-Sprache) Dem Einspruch, dass das Streben nach Erfolg und weltlichen Zielen dem Verständnis der Buddha-Lehre (dem Dharma) entgegenwirken könnte, muss man Gehör schenken. Doch was passiert mit dem Menschen, der seinen Glauben, oder genauer gesagt, die Erkenntnis seiner eigenen Schöpferfähigkeit innerhalb der Welt verliert? Kann sich ein solcher Mensch kraft seiner vermeintlichen Schwäche von der Welt lossagen? Die echte Einsicht in die Natur der Dinge, sprich, dass alles in der Welt vergänglich ist („Die

Veränderung ist das einzig Beständige" / 1. Erkenntnis in WGtarische Kost), wird den erfolgreichen Menschen, dessen Erfolg auf einem Fundament von Charakter, Ethik und Mitgefühl aufbaut, davor bewahren, der Gier zu verfallen und ihm ermöglichen, sich nach eigenem Gusto aus dem „Lebensspiel des Manifestierens" zurückziehen. Es ist wieder Zeit für ein paar Übungsfragen. Vielleicht

halten Deine Antworten eine Erkenntnis für Dich bereit.

ÜBUNG:

1. *Welche Veränderung in Deinem bisherigen Leben war am schmerzhaftesten? Siehst Du im Rückblick auf dieses Ereignis Deinen eigenen Einfluss oder hattest Du darauf keine Einwirkung?*

2. *Wie schätzt Du Deine eigene Schöpferkraft in Deinem Leben ein? Bist Du ein aktiver Gestalter oder fühlst Du Dich oft fremdbestimmt?*

3. *Könntest Du nach Deinem ersten Luxuswagen auf den zweiten verzichten?*

Ich weiß, die Frage bezüglich des Luxuswagens war fies. Sicherlich hattest Du einen roten Ferrari oder Porsche im Kopf. Allerdings ist Deine Antwort darauf doch ein guter Gradmesser, ob Du wirklich bereit bist, auf ein anderes „kleines oder großes Fahrzeug" umzusteigen.

So werden nämlich die beiden Hauptrichtungen des Buddhismus, Hinayana (Theravada) und Mahayana, bezeichnet.

Wenn wir gedanklich zu Georg Grimms Hauptwerk „Die Lehre des Buddha" zurückkommen, dann ist es vor allem seine Interpretation des Anatta, welche die Kritiker seit der Veröffentlichung des Buches auf den Plan gerufen hat. Während die Mehrheit der Buddhisten seit ca. 2000 Jahren die Lehre des Erhabenen so auslegt, dass es definitiv kein Selbst, kein dauerhaftes Ich des Menschen gibt, und dass der Buddha genau das sagen wollte, nutzt Grimm zahlreiche Textstellen aus dem Pali-Kanon, um ein transzendentes Selbst herauszuarbeiten.

Er grenzt sich dabei klar vom hinduistischen Konzept der Seelenwanderung (von Körper zu Körper) ab. Grimm betont ganz im Geiste Schopenhauers, dass die Sprache und konkret die Worte, immer ihren Ursprung in der Erfahrungswelt des Menschen haben. Und so sei es schlicht unmöglich dem transzendenten Selbst, welches sich außerhalb unserer Welt, also im relativen Nichts (nicht wahrnehmbar durch unsere sechs Sinne; der sechste Sinn ist nach indischem Kulturverständnis das Denken) befindet, einen positiven Wert zu geben. Es ist also unerklärlich und unbeschreibbar. Dass Grimm sich nie anmaßt, dieses Selbst in irgendeiner Weise selbst zu beschreiben und auch tunlichst den Begriff Seele vermeidet, scheint dem Großteil seiner Kritiker entgangen zu sein.

Fazit: *Das Buch „Die Lehre des Buddha" ist eine Elefantenspur, die einer der deutschen Pioniere des Buddhismus hinterlassen hat.*

Es ist ein großartiges Werk, das in seinem Aufbau, Inhalt und durch Grimms Vortragsweise glänzt. Auch wenn man eine andere Auffassung in Hinblick auf die Anatta-Problematik hat, so muss man dem Autor von DLDB doch zugestehen, dass er tief in die Lehre des Erhabenen eingetaucht ist und ein sehr gründliches Pali-Kanon-Studium betrieben hat. Während der Untertitel bei der von mir verwendeten Erstauflage „Die Religion der Vernunft" lautet, wurde dieser auf Wunsch von Grimm später um den Zusatz „...und der Meditation" erweitert. In seinem Buch erläutert Grimm sehr verständlich die Vier Edlen Wahrheiten vom Leiden, dessen Entstehung und Vernichtung. Besonders erhellend sind seine Erläuterungen zu dem Begriff nama-rupam, welcher die Verhältnisse des körperlichen Organismus im Hinblick auf das Bewusstsein beschreibt. „Die Lehre des Buddha" (später unter der Nominativform 'Buddho' veröffentlicht, „Die Lehre des Buddho!) ist ein Buch, welches sowohl den Buddhismus-Neuling in die Lehre einführt, als auch dem langjährigen Praktizierenden immer wieder erhellende Einblicke in den Dharma bietet. Mit seinen über 500 Seiten Umfang ist sicherlich deutlich mehr Zeit einzuplanen. Grimm selbst empfiehlt in seinen einführenden Worten, sein Werk mindestens zweimal zu lesen. Nach 107 Jahren seit seiner Veröffentlichung hat „Die Lehre des Buddha" nichts von seiner Aktualität eingebüßt, und strahlt zeitlos wie ein geschliffener Diamant.

08

Kraftwelle Mensch
Georg Richter

In den vielen Motivationsbüchern, welche ich mir zu Gemüte führte, fand ich nachhaltig die Empfehlung, die Menschen, mit denen man Umgang pflegt, immer wieder mit Namen anzusprechen. Warum wurde das empfohlen? Als Erklärung folgte stets, dass der eigene Name das meistgehörte Wort des Angesprochenen ist und man sofort seine volle Aufmerksamkeit erlangt. Den Namen zu verwenden schafft Sympathie und einen guten Draht zum Gegenüber. Natürlich kann das Nennen des Namens auch manipulativ (z.B. im Verkauf) eingesetzt werden, wo es dann durch ein Überstrapazieren gekünstelt wirkt und eher als unsympathisch empfunden wird. Ich habe es allerdings immer als Wertschätzung empfunden, wenn ich mit meinem Namen angesprochen wurde. Und so versuche ich stets, mir sowohl im privaten als auch im beruflichen Umfeld, die Namen der Menschen, die ich neu kennenlerne, gut einzuprägen.

In der WG hatten meine Mitbewohner sehr besondere Namen, deren Bedeutungsgehalt schon ein wenig in WGtarische Kost aufgeschlüsselt wurde. Könnte der Name eines Menschen eventuell einen größeren Einfluss auf seinen Träger ausüben, als man gemeinhin annehmen würde? Kann man durch die Kenntnis eines Namens, auf die Eigenschaften eines Menschen schließen, ohne diesen zu kennen? Die Idee, dass

Buchstaben nicht einfach Buchstaben sind, brachte mir der Autor Georg Richter in seinem Buch „Kraftwelle Mensch" näher.

In eine kleine feine Geschichte um einen wissbegierigen jungen Mann mit dem Namen Georg Buchert, packt Richter all die Themen, die für ihn im Zusammenhang mit dem Geheimnis der Buchstabenkräfte von Bedeutung sind. So finden z.B. Anleitungen zur richtigen Atemtechnik, die richtige Ernährung, Physiognomik und auch Erläuterungen zum Thema Karma, dem Gesetz von Ursache und Wirkung, ihren Platz in Richters Buch, welches eher ein erzählendes Sachbuch ist. Da Georg Richter zusammen mit seinem Bruder Alfred in Bärenstein (Sachsen) ein Privat-Institut für praktische Menschenkenntnis leitete, überrascht die Vielfalt und Auswahl der Themen nicht. In Dresden gab es zudem einen „Zirkel für praktische Menschenkenntnis" unter seiner Leitung.

Im Buch trifft der Protagonist Georg Buchert durch schicksalhafte Fügung auf einen wissenden, mitfühlenden Meister, der ihm die verborgenen Geheimnisse in den Buchstaben, Silben und Namen, Schritt für Schritt offenbart. Die Ausbildung Georgs vollzieht sich über mehrere Jahre, bis er dem Meister ebenbürtig und ein Wissender geworden ist.

Lass uns nun schauen, was es mit den geheimnisvollen Buchstaben auf sich hat. Richter schreibt in seinem Buch: *„Alles was Du fühlst, denkst oder siehst, ist an ein Wort gebunden. Ja, es ist, als wenn alles Sichtbare, in die Form gepresste, für die Menschen ein Rätsel sei. Diese Rätsel zu lösen, ist Aufgabe der Menschen. Das Rätsel heißt: `das Wort´. Für den Menschen ist also das Wort unoffenbar, und es soll durch Erlebnisse offenbar werden.*

Gelingt das, so kommt der Mensch den großen Gesetzen Gottes näher." (S.77)

Um die Worte zu verstehen, muss man zuerst ihren Aufbau verstehen. Georg Richter bespricht zuerst die Selbstlaute, die Vokale, welche er auch als fünf Kraftströme bezeichnet und denen er eine enorme Energieentfaltung zuschreibt. Richter führt aus: *"Alles im Dasein ist Schwingung, so sind auch diese fünf Selbstlaute Schwingungen. Jeder Laut schwingt in einer anderen Schwingungszahl. Und da Schwingungen auch Töne sind, schwingt jeder Buchstabe in einem anderen Ton, und da Töne Farben sind, schwingt jeder Laut in einer anderen Farbe."* (ebenda, S.77).

Bei der letzten Aussage von Richter muss ich an Menschen mit Synästhesie denken, welche vermischte Sinneswahrnehmungen haben. Diese sehen dann z.B. Farben oder geometrische Gebilde, wenn sie etwas hören. Wow, da wird jede VR-Brille überflüssig! Wenn Richter recht hat, bewegen die fünf Vokale das ganze Universum. Vor meinem geistigen Auge sehe ich einen Yogi am Ganges meditieren, wie er mit einer heiligen Silbe, bestehend aus einem Vokal und einem Konsonant (Richter bezeichnet diese Einheit auch als Grundwurzelwort), eine neue Galaxie erschafft. Ein bisschen Spaß muss sein, denn wenn man sich vollends auf die Kraft der Selbstlaute einlässt, dann wird man ganz ehrfürchtig. Dass die Vokale im Menschen ihre Wirkungen zeitigen, versucht Richter über das hermetische Prinzip „Wie oben, so unten" zu verdeutlichen, welches ein fraktales Universum annimmt, indem der Mensch ein Miniaturabbild des Kosmos ist. Was selbst der skeptischste Leser nachprüfen kann ist, dass die Vokale im Körper schwingen. Wenn Du z.B. den Vokal „I" langgezogen aussprichst, singst oder chantest und dabei

Deinen Kopf mit beiden Händen hältst, wirst Du dort eine starke Vibration spüren. Der Selbstlaut „A" schwingt vor allem im Brustraum, in der Lunge. Und so hat jeder Vokal seine Region bzw. sein Organ im Körper, wo er am stärksten vibriert. Der Erläuterung der Vokale, der sogenannten Kraftströme, folgt die Einordnung der Konsonanten, der Mitlaute. Diese beeinflussen bedingt durch ihren Charakter und ihre Positionierung bzgl. des Vokals, den Selbstlaut nachhaltig. Richter schreibt dazu: *„Die Grundschwingung der Selbstlaute und der Farbe sowie der Ton werden oft verändert, sobald ein Mitlaut dazu kommt. […] Wenn also in einer Silbe der Mitlaut vor dem Selbstlaut steht, so ist diese Silbe oder das Grund-Wurzel-Wort stärker zu deuten, als dort, wo der Selbstlaut vor dem Mitlaut steht."* (S.88)

Sicherlich hast du, während du das hier liest, bereits über deinen eigenen Namen nachgedacht. Welche Vokale befinden sich in deinem Vor- und Nachnamen, welche Konsonanten? Eingangs zu dem Buch „Kraftwelle Mensch" hatte ich gesagt, dass der eigene Name das wahrscheinlich meistgehörte Wort ist. Wie oft hast du deinen eigenen Namen ausgesprochen, z.B. wenn du dich jemandem vorgestellt hast? Sicherlich unzählige Male in deinem ganzen Leben!

In Bezug auf die Vokale macht Georg Richter deutlich, dass sie durch die Nutzung des eigenen Namens (sei es durch eigenes Aussprechen und ´Anrufen` durch eine andere Person) spezifische Organe bzw. Regionen im Körper in Schwingung versetzen. Durch stete Wiederholung wird so der Träger des Namens nachhaltig in seiner Entwicklung und in seinen Anlagen beeinflusst. Richter bringt folgendes Beispiel: *„Wird in einem Namen das O angerufen, wie z.B. bei Charlotte, so wird der*

Strom der Herzlichkeit, der Liebenswürdigkeit und Lebensfreude herausgefordert." (der Vokal O schwingt im Herz) (S.86)

Und so analysiert der Autor in seinem Buch zahlreiche Namen und Begriffe, ohne jedoch zu vergessen darauf hinzuweisen, dass jede Analyse nur Stückwerk ist und man den Menschen als Ganzes zu betrachten habe. So führt er aus: *„Man kann den Menschen als etwas Lebendiges nicht schematisch durch irgendeine einzige Note seines Daseins beschreiben oder in eine Form pressen. Der Mensch ist eine Einheit. Er ist stetem Wechsel unterworfen, eben weil er lebendig ist. Der Name als Wort ist nur ein Teil seiner Offenbarung."* (S. 132)

So bleibt sich der Physiognomiker Richter in seiner ganzheitlichen Betrachtungsweise treu. Doch bleiben wir bei den Namen und ihren möglichen Einflüssen auf den Namensträger. Dafür werde ich nach den Empfehlungen und Regeln Georg Richters meinen eigenen Namen für Dich interpretieren und so mal die Hosen runterlassen! Vorab ist noch zu erwähnen, dass *„der Vorname immer den Charakter des Trägers anzeigt, der Familienname jedoch das Schicksal"*, wie Richter klarstellt. (S.133)

Kommen wir nun zu meinem Namen:

JOHANNES WELLDON

Ach noch etwas…! Jeder Buchstabe und auch jede Silbe hat sowohl eine positive als auch eine negative Wertung. Lassen wir kurz nochmal Richter sprechen: *„So gibt es weder Buchstaben noch Silben, die einpolig – für unsere Begriffe – Gutes oder Böses sagen würden, sondern jeder Buchstabe und*

96

jede Silbe trägt in sich die Schwingungszahl für Böse und Gut oder für Subjektivität und Objektivität." Und nun frisch und froh an die Analyse!

JOHANNES

positiv: Jo   = besonders starke Lebensstrahlkraft, liebt und gibt aus tiefer Seele, gütig

   ha(n)   = hohes Gedankenleben

   ne   = stellt Erkenntnisse uneigennützig und selbstlos zur Verfügung

   es   = hält das Erkannte fest

negativ: Jo   = liebt und gibt, doch wird es auch vom anderen verlangen

   ha(n)   = Hemmungen im Gedankenleben

   ne   = Lautheit in der Mitteilung seines Erkannten

   es   = behält das Erkannte nur für sich

WELLDON

positiv: We   = vertritt mutig das von ihm Erkannte

   el   = das Erkannte wird lebendig zum Ausdruck gebracht

   l   = bejahend, freundlich, lebendig

   do   = Sehnsucht nach Liebe und Güte

| on | = Selbstlosigkeit in Herzens-angelegenheiten |

negativ: We = vertritt ohne Gefühl mutig sein Erkanntes und schafft dadurch Leid

el = das Erkannte wird durch Streit zum Ausdruck gebracht

l = Leidenschaft, handelt im Affekt

do = Verschleierung in Herzens-angelegenheiten

on = gibt sich in Herzensangelegenheiten auf

Wenn ich mir nun meine eigene Namensanalyse anschaue, dann stelle ich stauend fest, wie stimmig z.B. die Deutung meines Vornamens ist. Schließlich hat dieser innere Antrieb dazu geführt, in meinem Ganesha-Buch meine Erkenntnisse in der WG schriftlich festzuhalten. Und sehr gerne teile ich das mit Dir! Es ist wieder Zeit für eine kleine Übung. Bitte beantworte folgende Fragen und spüre nach, welche Einsichten und Gefühle Dir Deine eigenen Antworten schenken.

1. Magst Du Deinen eigenen Namen?

2. Welche Vokale befinden sich in Deinem Namen?
   Sind es alle 5 und wenn nein, welche Selbstlaute sind nicht enthalten?

3. Gibt es einen Vornamen, der Dir besonders gefällt und wenn ja, warum?

4. Wie möchtest Du Dein(e) Kind(er) nennen, wenn Du Vater bzw. Mutter wirst?

5. Falls Du bereits Kinder hast…Welche Gründe waren entscheidend für den Erhalt ihres Namens?

6. Falls Du einen Vokal nicht im Vor- und Nachnamen hast…Welchen Namen verleihst Du Dir zusätzlich selbst, der diesen Vokal enthält?

Die letzte Frage hat Dich vielleicht etwas stutzig gemacht. Es ist laut Georg Richter im Hinblick auf eine umfassende Charakter- und Persönlichkeitsentwicklung von Vorteil, alle Vokale und somit alle diesbezüglichen Potentiale in seinem Namen zu führen.

<u>Fazit:</u> *„Kraftwelle Mensch" ist ein Buch, welches sensibilisiert für Worte, Namen und Begriffe. Die Lektüre dieses Buches macht achtsamer im Umgang mit der eigenen Sprache und der Namenswahl, z.B. bei den eigenen Kindern. Georg Richter eröffnet eine ungewöhnliche Sicht auf die Bausteine der Wörter – Buchstaben und Silben. Den Selbstlauten, den Vokalen, räumt er dabei eine ganz besondere Bedeutung ein. In seinem Buch stellt er, integriert in eine Erzählung, ein System der Namens- und Wortanalyse vor. Während die Beeinflussungskraft der Vokale –z.B. durch den hauptsächlichen Schwingungsort der Selbstlaute im menschlichen Körper – verständlich wird, so lässt Richter die Erklärung für die offenbarte Wertung der Konsonanten offen.*

Georg Richter lädt mit seinem Buch ein, den eigenen Namen und die Namen der Mitmenschen zu analysieren. Dabei stellt man staunend fest, dass viele Analysen mit der eigenen Sicht der Dinge übereinstimmen.

Bemerkenswert ist die Aussage Richters, dass „das Wort, das man ausatmet, etwas Lebendiges, sprich lebendige Tat ist."(S.126) Der Atem, genauer gesagt die Ausatmung, ermöglicht uns das Aussprechen von Lauten und Wörtern. Und so führt achtsame Atmung zu einem achtsamen Umgang mit Wörtern und Sprache. In wiederholter Anwendung führt das wiederum dazu, der Lüge zu widerstehen und sich selbst und seiner Umwelt gegenüber wahrhaftig zu sein – oder eben das Schweigen dem Geschwätz vorzuziehen.

So bringt Richter viele anregende Gedanken zum Ausdruck, die in jedem Leser, der nach charakterlicher Veredelung strebt, Resonanz finden. Einzig als der Autor sich an eine Definition des Begriffes Seele heranwagt, schwächelt das Buch. So setzt er „Seele" erst mit

„Wille" und später mit „unoffenbarter Geist" gleich. (vgl. dazu →
Dr. Georg Grimm, Die Lehre des Buddho)
Doch das tut dem positiven Gesamteindruck des Buches keinen
Abbruch und die spannende Thematik und Analyse kann garantiert
regen Austausch in jeder WG und innerhalb der Familie fördern.
Mit 224 Seiten hat das Buch einen moderaten Umfang und ist in der
2. Auflage von 1950 in zahlreichen Antiquariaten erhältlich.

09

Cherubinischer Wandersmann
Angelus Silesius

Der cherubinische Wandersmann hat mich auf meinem Weg erst relativ spät erreicht – und zwar nach meiner WG-Zeit. Aber einige Kostbarkeiten brauchen nun mal etwas länger, bevor sie in unserem Leben auftauchen. Das erste Mal hatte ich in Georg Grimms Buch „Brillianten buddhistischer Weltanschauung" Sinnsprüche von Angelus Silesius gelesen, auch wenn dieser eher dem Katholizismus zugeordnet werden kann. In Grimms Buch hat es Angelus Silesius, der mit bürgerlichem Namen Johannes Scheffler hieß, geschafft, weil er ein großer christlicher Lyriker war. Seine Epigramme, meist Zweizeiler, sind voll von Mystik. Scheffler versucht in ihnen, das Unsagbare in Worte zu fassen. Seine Poesie ist so prägnant, radikal und erhellend, dass sie Vertreter verschiedener Religionen anspricht. Die großen, schwer in Worte zu fassenden Wahrheiten, verpackt Scheffler häufig in Form von verstörenden Paradoxien, die oft die Sprengkraft eines Zen-Koans haben. Hast Du Zugang zu solchen Sinnsprüchen? Ich möchte Dir gerne vier Epigramme aus dem Cherubinischen Wandersmann vorstellen, die ich und Amadeus aus der WG ausgewählt haben. Vielleicht gefällt Dir meine Interpretation oder Du erkennst darin einen ganz anderen Sinn. Auf jeden Fall macht es Spaß sich damit zu beschäftigen. Angelus Silesius muss auch unwahrscheinlich viel Freude an der Formulierung seiner Reime gefunden haben, denn das erste Buch des Cherubinischen Wandersmann (insgesamt sind es sechs Bücher mit fast 1700 Epigrammen), soll er in nur vier Tagen niedergeschrieben haben. Kommen wir nun zum ersten ausgewählten Reim – und es geht um nichts Geringeres als Selbsterkenntnis!

Man weiß nicht, was man ist
Ich weiß nicht, was ich bin, ich bin nicht, was ich weiß: Ein Ding und nicht ein Ding: ein Tüpfchen und ein Kreis.

Wenn ich mir diesen Sinnspruch auf der Zunge zergehen lasse, dann kommen mir zeitgleich viele große Philosophen und Gegebenheiten in den Kopf. So die Inschrift am Apollontempel in Delphi „Erkenne Dich selbst!" oder René Descartes berühmter Ausspruch „Ich denke, also bin ich". Während sich Descartes mit seinem eigenen Denken identifizierte, hatte der Buddha schon 2100 Jahre vor dem französischen Philosophen festgestellt, dass der Körper und das Bewusstsein, welches dieser ermöglicht, nicht das Selbst, das Ich, sein können. Gautama Buddha hatte dabei einen Weg gewählt, der grundverschieden zu der Vorgehensweise der meisten westlichen Philosophen ist. Er, Buddha, hatte sukzessive alles ausgeschlossen, was am Menschen vergänglich und leidvoll ist und nicht zum Selbst gehörig sein kann. Da durch unsere sechs Sinne (das Denken als, nach indischer Auffassung, 6. Sinn eingeschlossen) eine transzendente Größe, etwas außerhalb der wahrnehmbaren Welt Befindliches, nicht wahrgenommen werden kann, stößt die Selbstwahrnehmung hier an ihre natürlichen Grenzen. Ein Selbst bzw. das eigene Ich kann nicht mit den Augen und dem

Verstand geschaut werden. (Die überwiegende Mehrheit der buddhistischen Schulen geht davon aus, dass es kein Ich/ kein Selbst gibt ->Anatta-Lehre, vgl. diesbezüglich auch Georg Grimm, Die Lehre des Buddho).

Insoweit findet der Ausspruch Angelus Silesius auch großen Anklang in buddhistischen Kreisen.

Schefflers Epigramm steht darüber hinaus ganz in der Tradition der Weisheit Sokrates: „Ich weiß, dass ich nichts weiß.". Interessant im Hinblick auf die Selbst-Wahrnehmungsproblematik ist noch ein Vergleich Georg Grimms, der die Scheinwerfer eines Autos mit den menschlichen Sinnesorganen gleichsetzt. So wird der vor dem Fahrzeug liegende Weg erleuchtet. Der Mensch kann seine wahrnehmbare Umwelt erforschen und erfahren. Die Scheinwerfer des Autos können jedoch nicht auf den, das Fahrzeug steuernden Fahrer gerichtet werden. Die eigenen Sinnesorgane sind nach außen gerichtet – wie kann auf dieser Grundlage die Existenz oder Nicht-Existenz von etwas Kernhaftem, Beständigem, erkannt werden?

Aber warum spricht Angelus Silesius von „einem Ding"? Da sind wir wieder bei dem bereits zitierten Ausspruch von Georg Richter „Alles was Du fühlst, denkst oder siehst, ist an ein Wort gebunden.". Das Selbst zu erfassen und vor allem zu beschreiben, fällt in den Bereich außerhalb unserer Worte. Das „Ding" kann Alles und Nichts sein, wobei „Nichts" wohl treffender ist, denn in der vergänglichen, nach dem Buddha per se leidvollen Welt, lässt sich kein dauerhaftes Selbst bzw. Ich finden. Das Nichts wiederum ist kein absolutes Nichts, sondern ein Bereich, der sich außerhalb der unserer Sinnesorgane zugänglichen Welt befindet.

„ein Tüpfchen und ein Kreis"

In der WG haben wir öfters bei einem Glas Wein zusammengesessen. Hat Angelus Silesius vielleicht bei seinen Betrachtungen von oben in sein leeres Weinglas geschaut? In unserer Vergänglichkeit sind wir etwas sehr Zerbrechliches, einem Weinglas gleich. Aber das ist ja eher unser Körper und, wie vorausgehend festgestellt nicht unser Selbst, nicht unser Ich. Gleichwohl gehört mein Körper zu mir, weswegen ich sage: „mein Körper". So kann der Kreis durchaus für den Körper oder, hermetisch gedacht, für die ganze erfahrbare Welt bzw. das Universum stehen. Der Punkt, das Tüpfchen, in seiner unbestimmbaren Größe und Ausdehnung, stellt das Selbst dar. Doch in welchem Verhältnis steht er, der Punkt, zum Kreis?

Puh, vielleicht denkst Du jetzt: Nun mach` aber mal einen Punkt! :) Okay und ich frage Dich: Wohin würdest Du ihn setzen?

Kommen wir zum nächsten Epigramm. Mein guter Freund Amadeus hat es ausgesucht. Es war definitiv eine gute Wahl:

<u>Nichts ist sich selber</u>
Der Regen fällt nicht ihm, die Sonne scheint nicht ihr:
Du auch bist anderen geschaffen und nicht dir.

Wenn man das zum ersten Mal liest, möchte man am liebsten sofort opponieren. Was (mit drei A geschrieben!), ich bin nicht zu meinem eigenen Vergnügen geschaffen? Für wen wurde ich denn sonst geschaffen, wenn nicht für mich selbst? In unserer auf persönlicher Vervollkommnung und Selbstoptimierung ausgerichteten Gesellschaft, in der sich

Vieles um die eigene Entwicklung, die eigene Zielerreichung dreht, ist es wichtig, sich auch immer wieder an das „Wir" zu erinnern. Gerade in einer WG, die man als einen Mikrokosmos unserer Gesellschaft ansehen kann, ist die Verbundenheit und das Miteinander für das Funktionieren dieser Gemeinschaft von entscheidender Bedeutung. Angelus Silesius hat Regen und Sonne aus meiner Sicht nicht zufällig gewählt. Es sind große Symbole. Beide verbindet der nährende Charakter. Wasser und Licht lassen Pflanzen, Tiere und Menschen gedeihen. So sind wir in der Welt, um einen Unterschied zu machen – um einen Beitrag zu leisten, um für unsere Mitmenschen da zu sein, um Nutzen zu stiften, und um die Natur zu erhalten, um sie in Balance zu halten. Wen hast Du zuletzt ermuntert und bestärkt? Wessen Dunkelheit hat Dein Licht in der Vergangenheit erleuchtet?

Kürzlich war ich in einer Buchhandlung und habe mit Freude und Erstaunen festgestellt, wie viele Erfolgsplaner und Motivationsjournale zurzeit auf dem Markt sind. Das sind Planer, mit denen Du meist ein ganzes Jahr Tag für Tag planen kannst. Besonders erfreulich ist die Anregung von vielen dieser Autoren, darüber zu reflektieren, wie man täglich jemandem Freude bereitet hat und das dann aufzuschreiben. In Silesius Epigramm steckt auch die Botschaft: „Sei schöpferisch! Bringe Dich ein!". Ich habe es in der WG stets versucht und hatte eine fantastische Zeit. Welchen Effekt wird es wohl auf dich haben, wenn du dich in die Gesellschaft, in die Gemeinschaft einbringst? Weiter geht's mit dem dritten Epigramm. Ich liebe es!

Der Glaube

Der Glaube, Senfkorns groß, versetzt den Berg ins Meer:
Denkt, was er könnte tun, wenn er ein Kürbis wär!

Ach ich sage Dir, wenn man in der warmen WG-Küche sitzend (der Heizkörper auf 5 stehend), köstliche Kürbiscremesuppe von Adam in sich reinschaufelt, dann ist der eigene Glaube wirklich über Senfkorngröße hinausgewachsen. Man denkt an seine Ziele, an alles was man in der Zukunft vorhat und alles scheint erreichbar und möglich. Aber natürlich fühlt man sich nicht immer so wohl! Dann fällt es schon schwer, die volle Mülltüte nach draußen in die Mülltonne zu versetzen. Der Glaube an sich ist natürlich ein sehr schwieriges Thema und ich möchte es hier nicht aus religiöser Sicht angehen. In der englischen Sprache wird zwischen den Worten „faith" (religiöser Glaube) und „belief" (Überzeugung, Glaube) unterschieden. Jeder der sich ernsthaft mit der Ordnung innerhalb der Welt beschäftigt, entwickelt an einem gewissen Punkt, d.h. nach gründlicher Beobachtung und eigenen Erlebnissen, einen gewissen Glaubenssatz. Er kann dann denken, in der Welt geschähe alles mehr oder minder durch Zufall oder er entscheidet für sich, dass er auf sein Leben einen Einfluss hat. Wie groß ist jedoch die Überzeugung eines Menschen, der da glaubt, dass alles in der Welt von geistigen Gesetzen beherrscht wird? Dieser Mensch ist erfüllt von seiner eigenen Schöpferkraft und beginnt sein Leben nach seinen Vorstellungen zu formen. Klar ist, dass er dabei auf Widerstände trifft und Rückschläge zu verkraften hat. So widmet er sich den geistigen Gesetzen, studiert sie und erkennt, dass jegliches Tun und Handeln, jeder Gedanke und jedes Wort, einen Einfluss auf sein Leben hat. Und nun ist es wieder Zeit für eine kleine Übung. Nimm Dir bitte etwas Zeit und beantworte die beiden Fragen für Dich.

ÜBUNG:

1. *Wenn Du in Deinem schöpferischen Wirken unbeschränkt wärst, was würdest Du erschaffen?*

2. *Welchen Einfluss würde das auf Dich, Deine Familie und Freunde, und auf die ganze Welt haben?*

Wenn man nun davon überzeugt ist, dass alles von Gesetzmäßigkeiten bestimmt ist und das eigene achtsame Handeln zu gewünschten Ergebnissen führt, welchen Einfluss würde das auf das eigene Leben haben? Meiner Ansicht nach möchte Angelus Silesius seine Leser dahin
führen, dieses große menschliche Schöpferpotential in seinem vollen Umfang zu erkennen. Welchen positiven Unterschied könnte man in der Welt machen? In welchem Umfang könnte man anderen helfen und seine eigenen Visionen in die Tat umsetzen…! Und bei dem Glauben, den Silesius bildlich als Kürbis beschreibt, verhält es sich wie bei eben diesem Gemüse, es wächst und gedeiht, wenn man es pflegt – sprich, die schöpferische Kraft und daraus resultierende

Materialisierung nehmen zu, wenn man die mentalen Gesetze beachtet.

<u>Fazit:</u> *Der Cherubinische Wandersmann ist eine ganz besondere Kostbarkeit; eine, die sich bei Beschäftigung mit ihr, immer mehr entfaltet und Erkenntnisfülle für den denkenden Leser bereithält. Bei einem großen Buffet sollte man stets nicht alle Leckerbissen auf einmal essen. Genauso verhält es sich mit den Epigrammen von Angelus Silesius. Bei amazon hat mal eine Rezensentin geschrieben, es reicht abends zwei Sinnsprüche zu lesen. Dem kann ich nur zustimmen. Vielleicht sollte man die Epigramme nicht unmittelbar vorm Schlafen lesen, denn es ist wahrlich keine leichte Kost. Wer jedoch Sorge hat, es könnte ihm bei dieser Lektüre langweilig werden oder es könnten ihm die guten Zweizeiler ausgehen, der irrt. Angelus Silesius war fleißig. In 6 Einzelbücher, die im Cherubinischen Wandersmann zusammengefasst sind, hat der Autor insgesamt 1676 Epigramme gepackt.*

10

Das Vermächtnis der Wildnis
Tom Brown Jr.

In einer Zeit, in der nach wie vor große Flächen des
Regenwaldes abgeholzt werden, in der Plastikmüll, anderer
Unrat und Giftstoffe die Weltmeere verseuchen und in der wir
durch Corona gezwungen sind, noch mehr Zeit in den
eigenen vier Wänden (z.B. im Home Office) zu verbringen, da
sehnen wir uns nach einer ursprünglichen Natur zurück, nach
einem gesunden Wald, nach kristallklaren Gewässern, bei
denen wir wieder unsere eigenen Energiereserven auffüllen
können, indem wir einfach staunend in dieser Umgebung
verweilen, bereit und offen für die Einflüsterungen der Erde,
die ihre Weisheit stets den Ohren und Augen offenbart,
welche bereit sind zu hören und zu sehen. Große Einsichten
und Erkenntnisse sind in der von Menschen unberührten
Natur, in der Wildnis, zu erlangen. Allerdings muss man in
dieser Wildnis auch überleben können. Ich habe noch nie mit
einem Feuerbohrer ein Feuer angefacht. Ich habe noch nie mit
einer Socke, Sand, Kohle und Gras einen improvisierten
Wasserfilter gebaut. Ich kann ein wenig mit einem Messer
umgehen, aber nur mit einem Messer draußen in der Wildnis
überleben, wie es Tom Brown Jr. unter Anwendung seiner
Survival-Kenntnisse tat, das kann ich wohl nicht. Mein
Interesse für Überlebens-Techniken wurde so richtig entfacht,
als ich die TV-Serie von Bear Grylls für mich entdeckte (Vgl.
das Kapitel über Samuel Smiles). Von den amerikanischen

Ureinwohnern, die ihr Leben – heute würden wir sagen minimalistisch – im Einklang mit der Natur lebten, war ich jedoch schon als Kind begeistert. Ebenso von den Winnetou-Filmen, die den Spirit der Indianer, den Mut des Apachen-Häuptlings Winnetou und den Wilden Westen mit seinen Revolverhelden in die deutschen Wohnzimmer brachten. Wo ist die Verbindung zum Buch „Das Vermächtnis der Wildnis"? Nun, Tom Brown Jr. traf bereits im Alter von acht Jahren auf seinen Lehrer Stalking Wolf. Zum Zeitpunkt ihres ersten Aufeinandertreffens war der Schamane vom Stamm der Apachen (!) bereits 83 Jahre alt und war davon 63 Jahre durch Nord- und Südamerika gewandert. (S. 9) Von da an wurde Stalking Wolf der spirituelle Lehrer von Tom Brown. Er brachte ihm bei, wie man in der Wildnis überlebt. Brown Jr. wurde ein ausgezeichneter Spurenleser, welcher als Erwachsener bei hunderten von Vermisstenfällen hinzugezogen wurde und bei der Auffindung dieser Personen sehr erfolgreich half. Der Schwerpunkt in der Ausbildung durch Stalking Wolf lag jedoch in der geistigen Entwicklung. Tom Brown Jr. wurden Visionen zuteil und Stalking Wolf offenbarte ihm zahlreiche Prophezeiungen, die Antrieb und Motivation waren, später eine eigene sehr berühmte Wildnisschule zu gründen, die sich seitdem für die Erhaltung und Bewahrung der Natur einsetzt.

Wenn Du „WGtarische Kost" gelesen hast, dann wirst Du vielleicht noch wissen, welchen Einfluss die Kunst des Spurenlesens, über die ich in Tom Browns Büchern viel erfahren hatte, auf mich ausübte. Ich versuchte unsere zugelaufene WG-Katze anzuschleichen. Wie in „WGtarische Kost" ausgeführt, galt das Anschleichen von Wildtieren bei den Indianern als besondere Kunstfertigkeit, die im Hinblick auf die Jagd ja auch überlebenswichtig war. Auch wenn mein WG-Lebensmittelfach die meiste Zeit halbleer war, war es beim Anschleichen von Wendy, unserer WG-Katze, nicht der Hunger, der mich antrieb. In gewisser Weise schärft man alle Sinne beim Anschleichen. Man wird rundum achtsamer, auch für die Spuren, die man hinterlässt. Und genau das ist es, was Tom Brown Jr. mit seinem Unterricht und seinen Büchern vermitteln will. Denn diese Achtsamkeit führt dazu, die ganze Umwelt als etwas Heiliges zu betrachten, dass geachtet und respektiert werden sollte, da der eigene Körper ja dieser Umwelt, dieser Natur entstammt. Wenn man sich über diese intensive Beobachtung ihrer Zerbrechlichkeit nähert, und damit auch Bewusstsein darüber erlangt, wie anfällig die eigene Balance der körperlichen und geistigen Gesundheit ist (auch gerade unter dem Einfluss der Elemente), dann vermag man weiser zwischen guten und schlechten Gedanken, Worten und Handlungen zu unterscheiden. Apropos Worte...als ich die Spuren meiner Mitbewohner in der WG mehr und mehr wahrnahm, bekam ich auch ein feineres Gehör. Denn gerade Worte können so einen starken Impact im Gegenüber hinterlassen. Sie können erbaulich und motivierend sein, auf der anderen Seite können sie verletzten und einen niederdrücken. So achtete ich im Gespräch mit meinen Mitbewohnern auch auf deren Tonlage. Denn das gesprochene Wort hinterließ nicht nur „eine Spur in mir", sondern mit zunehmender Übung konnte ich auch viel über die Stimmungslage meines Gegenübers erfahren. Auch über den Wahrheitsgehalt der Aussage. Wenn man eine Fährte bzw. das „Trittsiegel" eines Tieres untersucht, dann kann der geschulte Spurenleser sehr viel von der Eindringtiefe und den Rändern der Fährte ablesen. Sind die Ränder sehr präzise, so ist die Spur noch sehr frisch. Die Eindringtiefe kann Aufschlüsse geben über die Bewegungsrichtung, mögliche Verletzungen und den Erregungszustand des Tieres. Das gilt natürlich auch für Menschen. Tom Brown Jr. kann, wenn er eine menschliche Spur verfolgt, erkennen, ob die Person spaziert ist, in Gedanken war oder bereits in einem panischen Zustand. In „Das Vermächtnis der Wildnis" schildert er einen besonders bewegenden Fall, als er sich bei der Suche an einem vermissten Mädchen beteiligt. (S. 229 ff.)

Als ich die Techniken des Spurenlesens in der WG durchdachte, sah ich die Parallelen zur Sprache bzw. zur Kommunikation ganz allgemein. Die Körpersprache z.B. hat eine Signatur, die viele Aufschlüsse über die wahre Natur der Gedanken einer Person aufweist. Bei dem gesprochenen Wort ist es die Stimmmodulation, die Lautstärke und die Tonhöhe, die das Unsichtbare an dem Ausgesprochenen deutlich und wahrnehmbar machen. *„Im Anfang war das Wort"* heißt es einleitend in der Bibel. Eine Information im Buch hat mich besonders begeistert. Es ist die Tatsache, dass Stalking Wolf ganz offensichtlich auch viel gelesen hat.   Er verblüffte Tom Brown durch seine Bibelkenntnis und seine weise, reichhaltige Interpretation von Bibelstellen, wie er sie durch seine schamanische Sicht als Indianer erlangen konnte. Stalking Wolf ist dabei voller Bewunderung für Jesus und sieht viele Parallelen in der spirituellen Praxis. Brown Jr. schreibt: *„Nun sprach Großvater [Stalking Wolf, Anmerk. des Verfassers] über das Gebet und wie es mit unserer Meditation vergleichbar sei, die er als „heilige Stille" bezeichnete. Er sagte: „Jesus lehrte seine Jünger, dass* *es am besten sei, in der Zurückgezogenheit zu beten. Die meisten deuten dies als Gebot, die eigene Spiritualität nicht öffentlich zur Schau zu stellen. Aber ich vermute, dass es mehr auf sich hat mit diesem Gebot: eine tiefe Wahrheit, die den meisten Menschen entgeht. […] Indem man in die Stille seiner Kammer geht und die Tür schließt, zieht man sich zurück. Die Ablenkungen des Menschen fallen ab, und man ist allein mit seinem Schöpfer. Wie ich euch aus diesem Grund in der Schwitzhütte zu beten lehrte, so hat es auch Jesus gelehrt, wenn auch auf andere Art.*" (S.136 / 137)

Erstaunlich wie intensiv Stalking Wolf sich mit der Bibel auseinandergesetzt hat! Mich beschäftigt auch die Frage, ob der alte Schamane der Apachen ebenso Zugang zu den Buddha-Lehrreden hatte, wie sie im Pali-Kanon erhalten geblieben sind. Denn viele Beschreibungen des Buches handeln von Erlebnissen und Erfahrungen während mehrerer Visionssuchen, die eine methodische Nähe zum Buddhismus aufzeigen. Es geht um die Erforschung des wahren Selbst. Brown berichtet über eine seiner eigenen Visionssuchen:

"*Denn irgendwie hatte ich das Gefühl, als wären mein Körper und mein Bewusstsein von meinem wahren Selbst getrennt. Ganz deutlich spürte ich eine Dualität des Selbst, als sei ein wesentlicher Teil von mir hinter jemandem versteckt oder durch etwas verdeckt.*" (S. 112)

Für mich liest sich das, wie die Anatta-Einsicht des Buddhismus und das Gewahrwerden des Unterschieds zwischen empirischem Ich und wahrem Selbst. (Vgl. Georg Grimm / Die Lehre des Buddha) Während langem Sitzen und Verweilen an einem Ort (während der Visionssuche) wird das eigene Körpergeschehen beobachtet. Die Phänomene der Natur um einen herum werden scharfsinnig wahrgenommen.

Die „*lautere Welt der Wildnis*" (S. 99) bietet laut Stalking Wolf dem Visionssucher die Chance, die Wirklichkeit des Lebens zu erfahren und tiefe Einsichten darüber zu erlangen. (Vgl. Richard Byrd, Allein!) Jedoch wird er dabei nicht müde zu betonen, dass das erlangte Wissen in „*der Welt der Menschen*" weitergegeben werden sollte. Suchern, die nur nach spiritueller Erleuchtung für sich selbst streben, erteilt er eine Absage. Stalking Wolf äußert sich wie folgt: „*Die Macht des Schamanen, die Macht der geistigen Welt, wird nur dem gegeben, der eine starke Liebe zu seinen Mitmenschen besitzt. [...] Wer nur für sich arbeitet, der kennt nicht den Geist-der-in-allen-Dingen-wirkt.*" (S. 100)

Was der alte Indianer mit dem „Geist-der-in-allen-Dingen-wirkt" meint, ist nicht leicht zu verstehen. Vielleicht hat der ein oder andere eine schnelle Interpretation parat. Stalking Wolf äußert sich selbst darüber: „*Jenseits der Ego-Insel des Menschen, außerhalb seines Ich-Gefängnisses, liegt die Welt des Geistes-der-in-allen-Dingen-wirkt. Es ist eine Welt, die mit allen Wesen der Schöpfung kommuniziert und mit dem Schöpfer verbunden ist. Das ist ein Lebenskreis, der alle Instinkte des Menschen und seine tiefsten Erinnerungen birgt – ein Reich, das dem Menschen Macht gibt, Körper und Geist zu beherrschen, und das Reich von Fleisch und Materie übersteigt.*" (S.120)

Darüber hinaus gibt es eine weitere „*Welt des Geistes*". Auch zu dieser Welt hat der Mensch Zugang, wenn er befähigt ist. „*Hier* [in dieser Welt des Geistes, Anmerk. des Verfassers] *findet der Mensch eine Dualität seines Selbst, wo er einmal im Fleisch wandelt, ein andermal wieder im Geist. Es ist eine Welt des Ewigen und Unsichtbaren, wo Leben und Tod, Raum und Zeit nur Mythen sind. Ein Ort, wo alle Dinge möglich sind.*" (ebenda)

Wer möchte nicht gerne an diesem Ort verweilen? Da, wo man erfolgreich gemäß seinem Willen erschaffen kann? Und worin besteht der „Zugangscode" zu diesen beiden Welten? Tom Brown lässt im Buch rückblickend immer wieder Stalking Wolf sprechen, der betont, dass diese schöpferische Tätigkeit aus der Liebe zu den Mitmenschen und anderen Lebewesen erwachsen muss. (Vgl. WGtarische Kost, „Stifte Nutzen") Es ist ganz offensichtlich so, dass man sich der Tatsache bewusst werden sollte, dass alles miteinander verbunden ist und erst dadurch das eigene schöpferische Potential sich vollends erschließt.

Nun bist Du zusammen mit mir ein gutes Stück durch das Buch gewandert. Wir haben uns ein wenig kreuz und quer durch anspruchsvolle Inhalte und Textstellen gearbeitet. Ich hoffe, dass Dir trotz der intuitiven Route aufgefallen ist, dass das Buch wie aus einem Guss geschrieben ist. Die geistige Entwicklung, die Bewahrung der Natur und die Vermittlung der Erkenntnisse stehen im Vordergrund. Damit das gerade Gelesene nicht wie unbenutzte Mokassins zurückbleibt, ist es mal wieder Zeit für ein paar Deiner eigenen Antworten.

Ich hoffe, Deine Antworten haben Dich auf Deinem „Trail des Lebens" wieder ein kleines Stück vorangebracht. Tom Brown weiß in seinem Buch noch mit einer gruseligen Story zu überraschen. Er berichtet von „bösen Plätzen" und einer furchteinflößenden Wesenheit, von der bereits Stalking Wolf unter dem Namen „Der Stalker" berichtet hatte. Der Stalker schlich in diesem Zusammenhang jedoch keine Tiere an, sondern Menschen, die sich in der Wildnis den geistigen Dingen widmeten und z.B. wie Tom Brown Jr. auf Visionssuche waren. Brown Jr. beschreibt seine eigene Gefühlslage:

„Während ich voller Angst weiterging, spürte ich draußen im Busch Dinge, die sich bewegten. Auch spürte ich, dass es keine Wesen aus Fleisch und Blut waren, sondern Geister. Jetzt fing das Gefühl,

117

geprüft und beobachtet zu werden, wieder in meinem Kopf an zu hämmern." (S. 156)

Wer bedingt durch die außergewöhnlichen Fähigkeiten von Stalking Wolf akzeptiert, dass es zwei Geist-Welten gibt (Geist-der-in-allen-Dingen-wirkt-Welt und Welt des Geistes), in denen der Mensch sowohl „im Fleisch", also mit seinem Körper, als auch mit seinem Geist wandeln kann, der kann an dieser Stelle Geistererscheinungen nicht, wie eben von Tom Brown Jr. beschrieben, als bloße Phantasie abtun.

Brown hatte sich bei einer seiner Visionssuchen, zu seiner eigenen Überraschung, eine Kiesgrube als Verweilplatz ausgesucht. Seine Überraschung rührte daher, dass der Ort der Visionssuche meist intuitiv ausgewählt wird und versteckte Botschaften aus der Natur und dem eigenen Unterbewusstsein, den richtigen Platz anzeigen. Hier in der Kiesgrube wurde er wieder des Stalkers gewahr. *„...ich spürte, dass viele Wesen mich von den Rändern der Grube beobachteten. […] Im Schatten der fernen Böschung sah ich etwas sich bewegen. An der Art seiner Bewegungen und den Umrissen der Gestalt erkannte ich, dass es der Stalker war, von dem Großvater so oft gesprochen hatte."* (S. 157)

Neben den offenbar eigentümlichen Bewegungen beschreibt Brown, dass von diesem Wesen ein bestialischer Gestank ausging, der dem Geruch von *„fauligem Fleisch und Verwesung"* gleichkam, und der in dem Visionssucher eine Panik auslöste.

Dass da in den Pine Barrens (das ist ein großes, bewaldetes Gebiet im US-Bundesstaat New Jersey, in dem Brown Jr. seine Abenteuer erlebte) niemand mit einem weißen Bettlaken rumläuft und einzelne Wanderer oder eben Visionssucher erschreckt, das dürfte klar sein. Denn diese Wesenheiten sind durchaus gefährlicher einzustufen: *„...böse Geister mit mächtiger Absicht. Wir hatten erlebt, wie sie Tod und Unfälle verursachten. [...] Zum Glück blieben sie an den bösen Plätzen und kamen selten zum Vorschein – es sei denn, sie wurden angezogen von etwas Geistigem, das sie vernichten wollten."* (S. 158)

Als ich Browns Beschreibungen las, musste ich unweigerlich an das Missing 411-Phänomen denken, welches in den letzten 10 Jahren durch die Bücher des Ex-Polizisten und Autors David Paulides in das Bewusstsein der (zumindest US-amerikanischen) Öffentlichkeit gelangte. Paulides hat durch seine Recherchearbeit aufgedeckt, dass in den amerikanischen Nationalparks eine nicht unerhebliche Anzahl von Wanderern, Touristen und Jägern unter höchst mysteriösen Umständen verschwinden. Diese Menschen verschwinden spurlos - viele für immer, einige werden tot aufgefunden, oft unbekleidet und sehr häufig ohne Schuhe. Sollte Dich das Thema interessieren, wirst Du auf YouTube fündig. Dort sind zahlreiche Videos, inzwischen auch in Deutsch, verfügbar.

Während meiner WG-Zeit hatte ich ein eigenes merkwürdiges Erlebnis. In der Nähe unseres Hauses gab es einen Fluss mit einem angrenzenden Wald. Es ist ein Mischwald mit sehr vielen engstehenden Pappeln und ein paar Nadelbäumen. Mit Danko machte ich mich auf zu diesem Wald, da wir uns dort ein wenig die Füße vertreten wollten. So streiften wir durch diese Monotonie, diesen von Menschenhand geschaffenen Wald, der doch etwas Wildes zu beherbergen schien. Danko war plötzlich verschwunden. Und ich verschwand in der Orientierungslosigkeit. Es war in etwa das Gefühl, welches du hast, wenn du nachts völlig desorientiert aufwachst und an der Wand den falschen Weg abtastest, weil du vielleicht das Klo aufsuchen musst. In der Tat stieg etwas Panik in mir auf. Dann setzte ich mich hin und lehnte gegen einen Baum. So versuchte ich dieses ungute Gefühl unter Kontrolle zu bringen und wartete auf Danko. Der erschien dann auch einige Zeit später und ich war froh, dass der Wald uns freigab. Danach reifte in mir die Einsicht, dass der Wald oder in seiner Urform, die Wildnis, immer auch ein Spiegel unserer inneren Verfassung ist. Die Wildnis kann bedrohlich wirken. Und ganz nach der eigenen Anschauung und den erworbenen Fähigkeiten, kann man in der Wildnis über- oder in ihr leben. Leider auch in ihr umkommen, wenn man ihr nicht mit Respekt und persönlicher Vorbereitung gegenübertritt.

Fazit: *„Das Vermächtnis der Wildnis" ist ein wunderbares Buch, dass uns in Berührung mit der Weisheit und Lebensphilosophie der amerikanischen Ureinwohner bringt. Tom Brown Jr. ist der Transfer dieses Wissens sehr gut gelungen, da er eine durchaus anspruchsvolle Thematik in einem kurzweiligen Buch aufgearbeitet hat. „Das Vermächtnis der Wildnis" macht Lust auf Spurenlesen und Survival-Kurse, und sensibilisiert für den Schutz der Natur, damit auch nachfolgende Generationen eine lebenswerte Umwelt mit einer reichhaltigen Flora und Fauna vorfinden können. Im Unterschied zu klassischen Survival-Büchern wird die geistige Dimension der Wildnis ausgelotet und die im Kommentar nicht weiter beschriebenen vier Prophezeiungen von Stalking Wolf sind Mahnung an eine Menschheit, die gerade am Scheideweg steht, die eigene Balance wiederzugewinnen oder sie vollends zu verlieren. Mit 264 Seiten hat die deutsche Ausgabe einen ansprechenden und beherrschbaren Umfang.*

11

Allein!

Richard Evelyn Byrd

Was für ein Buch! Packender als jedes Packeis, denn die spannenden, poetischen und klugen Gedanken des US-amerikanischen Konteradmiral Richard Byrd halten einen gefangen, so dass man seinen Bericht über seine Erlebnisse südlich des 80. Breitengrads, nicht mehr aus den Händen legen mag. Der 1888 geborene Richard Evelyn Byrd gilt als einer der großen Polarforscher. Als erster Mensch überflog er sowohl den Nord- als auch Südpol, auch wenn er selber nicht am Steuer saß. Weltberühmt wurde er 1929 durch den Überflug und die Umrundung des Südpols. Sein fantastisches Buch beruht jedoch auf seinen abenteuerlichen Erlebnissen von 1934, als er völlig auf sich allein gestellt einen Vorposten auf der Ross-Eistafel in der Antarktis bezog. Das ursprüngliche Ziel bestand darin, Wetterbeobachtungen vorzunehmen, um dann Aufschlüsse darüber zu erhalten, inwieweit die kalten Luftmassen um den Südpol die Gesamtwetterlage weltweit beeinflussen. Byrd bewohnte dabei über viereinhalb Monate eine in Eis und Schnee eingelassene Holzhütte, während er in dieser Zeit eine Südpolnacht bei bis zu -60 Grad Celsius zu überstehen hatte. Innerhalb dieses Zeitraums kam er dem Tode nahe. Richard Byrd war ein gebildeter Mann mit ausgezeichneten Führungsqualitäten. Die Dramatik der Umstände pressten gedanklich und später literarisch das Beste aus ihm heraus. Sein selbst gewählter Aufenthalt erinnert an eine Vision Quest, eine Visionssuche. Wenn Victor Segno schreibt, dass der Wert der Einsamkeit, des Alleinseins gar nicht überschätzt werden kann (siehe: *Das Gesetz des Mentalismus*), so würde Byrd ausschließlich wegen dieser Aussage Segnos Buch mit in die Antarktis genommen haben. Byrds Antrieb für seine herbeigesehnte Erfahrung war *„der Wunsch eines Menschen, das Erlebnis des Alleinseins einmal gründlich auszukosten, den Frieden, die Ruhe und die Einsamkeit zu genießen, und zu erfahren, wie gut sie einem tun."* (S. 9)

Dass er in seiner frostigen Hütte südlich des 80. Breitengrads nun wirklich ganz allein war, machen folgende Informationen deutlich. Sein Vorposten in eisiger Wüste war der erste binnenländische Standort, der in der Antarktis bezogen wurde. Zu seinen Kameraden und Untergebenen in Klein-Amerika (ein mehr peripherer Standort auf der Ross-Eistafel, welche mehrere Dutzend Personen beherbergte) trennte ihn immerhin eine Strecke von 190 Kilometern. Eine Wegstrecke, die mit zahlreichen Gefahren wie Eisspalten, extremen Minustemperaturen und nahezu absoluter Dunkelheit während der Polnacht aufwartete. Mit einem spontanen Besuch brauchte er wahrlich nicht zu rechnen. Der Umstand der großen Entfernung mit ihren vielen Hürden der Überbrückung machte natürlich auch eine Rettungsaktion, von der später Byrds Leben abhing, nahezu unmöglich.

Hast Du Dich schon mal der Herausforderung des Alleinseins gestellt? Für einen längeren Zeitraum? Ich kann natürlich Momente der Einsamkeit, des Alleinseins genießen, jedoch habe ich gerade in der WG festgestellt, wie sehr das Bedürfnis nach Gemeinschaft im Menschen verankert ist. Eine Woche über Weihnachten bis zum Jahreswechsel, als ich nur mit meinen eigenen Gedanken und überschaubaren Lebensmitteleinkäufen beschäftigt, das Alleinsein auskostete, reichte mir. Doch ich hatte im Gegenzug ausreichend Licht und Wärme. Vor allem das Licht ist ja so essentiell für positive Gedanken, Lebensfreude und ein ausgeglichenes Gemüt. Byrd war sich dieses Einschnitts, mit dem er in der Südpolnacht zu rechnen hatte, natürlich bewusst, denn er schreibt: *„Aber angesichts der Dunkelheit bleibt ihm* [dem Polarforscher] *nur die eigene Würde."*.

Doch was meint Byrd mit dieser Aussage? Natürlich spricht hier die Erkenntnis von der eigenen Angst, der Angst vor der absoluten Dunkelheit. Denn der Mensch ist doch eindeutig ein Lichtwesen – geboren aus Sternenstaub, genährt von der Sonne und dankbar über die Tatsache, dass gerade diese immer wieder jeden Tag aufs Neue aufgeht. Mit der Würde spricht Byrd die passende Haltung an, mit der der Mensch der Stunde der Dunkelheit oder in seinem Fall, den Monaten der Finsternis begegnen sollte, um nicht in totale Verzweiflung zu verfallen. Eingangs zu diesem Buch hatte ich gesagt, dass während meiner persönlichen Krise und beim Aufenthalt in der WG meine Bücher „wie ein Schweizer Taschenmesser" für mich waren. Byrd hatte auch dutzende von Büchern dabei. In seinem Buch zitiert er u.a. Thoreau, Epikur und den spanischen Philosophen George Santayana. Mit diesen Werken wollte er „Helligkeit und Wärme" in seine frostige Hütte bringen, in der es bei erloschenem Ofen bis unter -30 Grad Celsius kalt werden konnte. Hinreichend Schutz bot ihm eigentlich nur sein überlebenswichtiger Schlafsack, in den er sich nachts und in den Phasen absoluter Schwäche immer wieder zurückzog. Und hier sind wir bei der Ausrüstung angekommen. So eine Unternehmung wie Byrd sie durchführte, musste bis ins kleinste Detail geplant werden. Hierbei finden sich natürlich Parallelen zur Lebensführung und Erfolgsplanung. An was musste bei diesem Abenteuer im Auftrage der Wissenschaft alles gedacht werden? Entscheidend war ein Ort, der Byrd Zuflucht vor den Gewalten der Natur gewährte – ein Ort, der halbwegs Wärme spendete und Sicherheit garantierte. Der Admiral brauchte genügend Wasser und Essensvorräte, um bei Kräften zu bleiben. Er brauchte den besten Schlafsack, der zu dieser Zeit auf dem Markt zur Verfügung stand. Darüber hinaus war in der Antarktis entsprechende Winterkleidung erforderlich. Außerdem mussten Byrd ausreichend Öl und Benzin zur Verfügung stehen, um die verschiedenen Lampen und den überlebenswichtigen Ofen zu befeuern. Mit dem Ofen waren jedoch Segen und Unheil verbunden, denn Byrd hatte sich nach den ersten zwei Monaten eine Kohlenmonoxid-Vergiftung zugezogen und musste über zweieinhalb Monate völlig geschwächt einen harten Überlebenskampf ausfechten. Mit seinen Leuten in Klein-Amerika stand er nun zweimal wöchentlich per Morsetelegrafie in Verbindung. Während dieser Kontakte vermied er es jedoch bis zuletzt, seinen desolaten Zustand der Mannschaft mitzuteilen, um keinen mit extremen Risiken verbundenen Rettungsversuch zu provozieren. Seine Getreuen hatten jedoch aufgrund des schwierigen und spärlichen Kontakts die unsichtbaren Signale zwischen den Morsezeichen gedeutet und an Maßnahmen zur Rettung gearbeitet. Ich hoffe, ich konnte Dich ein bisschen neugierig auf Byrds Abenteuergeschichte machen und kann Dir nur empfehlen, das Buch im Ganzen zu lesen. Anfangs hatte ich von poetischen, klugen Gedanken Byrds gesprochen. Sie sind nicht nur an vielen Stellen poetisch, sie haben auch eine philosophische oder gar spirituelle Tiefe. Der indische Guru Osho hätte vielleicht über Byrd gesagt, dass „er zehn 10 Schritte vom Buddha entfernt war". Einige der literarischen Kostbarkeiten aus seinem Buch möchte ich Dir gerne vorstellen.

Dass Einsamkeit die Selbsterforschung fördert, beschreibt Byrd auf Seite 18: *„Wo die pulsende Umwelt fehlt, sind die Menschen darauf angewiesen, tiefer und tiefer in sich selbst hinein zu bohren, um Stoff zur Befriedigung des Gemüts zu finden."* Und in Bezug auf das menschliche Zusammenleben unter Extrembedingungen (es waren ursprünglich mehrere Personen für den Vorposten geplant) schreibt er: *„Im Vergleich mit nur zwei Menschen bieten drei die bei weitem günstigeren Aussichten für ein friedliches Zusammenleben, denn es liegt in der Natur der menschlichen Beziehungen, dass der Dritte bei Zwisten vermittelnd einspringen kann".* (S. 18)

Und als Poet beweist er sich, als er die schwindende Sonne beschreibt: *„Die Sonne klebte als ungetüme Kugel am Kimm, als sei sie zu müde, sich über den Rand zu erheben. Sie wälzte sich ein paar Stunden lang vernebelt dahin und sackte kurz nach Mittag im Norden ab. Ich schaute ihr sehnsüchtig nach wie einer fliehenden Geliebten."* (S. 64)

Oder hier: *„Ein unirdisches Zwielicht verbreitet sich über die Landschaft. Da hinein schießen Flammen wie aus einem Feuerschlund, und der Schnee leuchtet wie flüssige Farbenglut."* (ebenda) Und wenn jemand wie Byrd so tief nach seinem

Wesenskern schürft, dann muss das zwangsläufig auch zu buddhistischen Gedanken und Fragestellungen führen. So fragt der Konteradmiral auf Seite 98: *„Führen Leib und Geist ein unabhängiges, wenn auch nebenläufiges Dasein? Ist der Leib überwiegend geistig oder der Geist überwiegend körperlich? Bis zu welchem Grade beherrscht der Geist die körperlichen Lebensvorgänge?"* Auch wenn Richard Byrd die richtigen „Polaritäten" ansteuert und umkreist, so gelingt ihm hier jedoch keine Punktlandung, denn er schließt seine Überlegungen mit „Der Geist scheint das wirkliche Ich zu sein..." (Vgl. „Die Lehre des Buddha", Georg Grimm; Begriff „nama-rupam")

Doch Byrd fördert trotzdem weitere Diamanten ans Tageslicht: *„Das Leben erlischt selten in Schönheit. Der widerstrebende Leib geht unter wie ein Schiff mit dem Seetüchtigkeitszeugnis an der Wand des Kartenhauses."* (S. 123) Und wie eine Mischung aus Gautama Buddha und dem christlichen Mystiker Jakob Böhme hört sich folgender Spruch an: *„Der Durst war der höchste Baum im Wald der Foltern."* (ebenda) Wo der kenntnisreiche Buddhist möglicherweise den Lebensdurst (Tanha, auch als Gier übersetzt) herausliest, da spricht Byrd vom Durst im trivialen, herkömmlichen, aber ungemein peinigenden Sinne. Er liegt matt in seiner Hütte im Schlafsack und ist zu erschöpft, um Schnee aufzutauen. Das durstlöschende Nass in Form von Schnee ist „wohl hundert Meilen" entfernt, obwohl es nur Meter sind. Seine körperliche Schwäche bringt jedoch das Essentielle zum Vorschein, wie es auch in vielen heutigen Büchern beschrieben wird. In Büchern über die letzten Betrachtungen von Menschen am Sterbebette. Byrd verdichtet seine Erkenntnis zu folgendem Satz: *„Zu guter Letzt bleibt dem Menschen als höchstes Gut die Liebe seiner*

Angehörigen. Alles Übrige dünkt ihm nichtig, wenn er vor die Wahl gestellt wird." (S. 125)

Byrd, der in den ersten zwei Monaten seines Aufenthalts auf dem Vorposten, stille Momente der Einsicht im Umfeld einer imposanten, durch Extreme geprägten Naturlandschaft erlebt, stellt dadurch angeregt Überlegungen hinsichtlich des „Wesens der Welt" an. Er schreibt: „*Die Welt ist nicht tot. Deshalb gibt es einen alles durchdringenden Weltgeist. Ein Zweck, vielleicht der Hauptzweck, den dieser Allgeist verfolgt, ist die allgemeine Harmonie. Wer den Frieden erstrebt, handelt im Einklang mit dem Weltgeist.*" (S.128)

Beeindruckende Worte von einem großen amerikanischen Admiral! Mit dieser Geisteshaltung hätte Byrd auch einen wunderbaren US-Präsidenten abgegeben. Richard Byrd gelingt es auch gekonnt, seine tiefe Überzeugung von der Verbindung der Naturgesetze mit dem Wesen und dem erkennenden Bewusstsein des Menschen darzustellen: „*Hätte ich noch nie eine Uhr gesehen und sie erst jetzt zu Gesicht bekommen, so würde ich sagen, dass die Zeiger keine zufälligen Bewegungen machen, sondern einem Plan gehorchen. Ebenso wenig vermag ich die Ordnung und Genauigkeit des Naturgeschehens blinden Kräften zuschreiben. Ich fasse das in den Begriff des Ebenmaßes zusammen. [...] Die Eingebung lehrt mich, dass das Menschengeschlecht kein Zufallsergebnis des Weltgeschehens ist. [...] Da der Mensch als Teil der Natur ihren Gesetzen unterworfen ist, sehe ich keinen Grund, daran zu zweifeln, dass dieselben Naturgesetze in geistigen Bereichen ebenso wirken wie in leiblichen. Dieses Wirken offenbart sich als arbeitendes Bewusstsein. Mithin liegt nahe, dass unsere Überzeugungen von Recht und Unrecht als Äußerungen des Bewusstseins eben diesen Naturgesetzen entsprechen müssen. Das Bewusstsein stellt sozusagen einen Mechanismus dar, mit dem wir die ewigen Gesetze wahrnehmen und deuten."* (S. 113) Jetzt habe ich Byrd lang zitiert, hätte aber durch eine allzu strenge Kürzung des Genannten, möglicherweise den Sinn und mein Verständnis von Byrds Aussagen nicht hinreichend wiedergegeben. Mich beeindruckt diese Aussage deshalb so sehr, weil ich genauso überzeugt von dem Vorhandensein und Wirken geistiger Gesetze bin (siehe Georg Grimm, „Die Lehre des Buddha"). Was man hier nochmal herausstellen kann ist die Tatsache, dass Byrd diese Erkenntnis (durch sein Bewusstsein) „geschenkt" wird, als er ein von Sinnesreizen reduziertes, einfaches Leben in einer Holzhütte im Nirgendwo der Antarktis lebt. Somit ist der Wert des gelegentlichen Rückzugs von der „lauten Welt" mal wieder unter Beweis gestellt worden. Ich stelle mir gerade Admiral Byrd mit Mobiltelefon und Internetanschluss in seiner Hütte vor…seine Frau und Freunde würden ihn wohl täglich anrufen und abends im Schlafsack würde er noch ein paar Sprachnachrichten per Messenger verschicken. Dann und wann vielleicht ein Instagram-Post mit beeindruckenden Fotos der landschaftlichen Kulisse…wer könnte es ihm verübeln? Doch würde er die gleichen kostbaren Schätze in seinem Inneren finden? Er selbst hatte ja postuliert, dass wenn „die pulsende Umwelt" fehlt, so müsse der Mensch „tiefer und tiefer in sich selbst bohren". Oft liegen die echten Kostbarkeiten tief begraben und es kostet Mühe, sie aufzuspüren. Und nun ist vielleicht der richtige Moment, mal wieder über Dich selbst nachzudenken und ein paar Fragen mit Hilfe Deines „inneren Gurus" zu beantworten. :) Bist Du bereit?

1. Wann hast Du das letzte Mal bewusst einen Sonnenaufgang beobachtet?

2. Wann hast Du Dich zuletzt „aus der Welt" zurückgezogen? Würde Dich ein Retreat in den kommenden Monaten begeistern?

3. Wovon würdest Du gedanklich zehren, wenn Du auf Sonnenlicht und auch auf umfangreiches künstliches Licht einen gewissen Zeitraum verzichten müsstest?

4. Was ist Dein „mentaler Schlafsack"? Wo oder bei wem findest Du Erbauung, Wärme und Unterstützung, wenn es rau zugeht?

Vielleicht hast Du bei der Formulierung „mentaler Schlafsack" geschmunzelt. Für mich ist es wichtig, einen Ort der Kraft zu kennen, wo ich mich immer wieder mit Energie aufladen kann, um mich dann den neuen Herausforderungen, die das Leben täglich bietet, zu stellen. Apropos Ort der Kraft...will man umfassend über Admiral Richard Byrd sprechen, dann sollte auch eine letzte kleine Geschichte beigefügt sein. Hier geht es um Verschwörungstheorien, um Nazis, die sich nach dem 2. Weltkrieg in Richtung Antarktis abgesetzt haben sollen und silbrig glänzende Flugscheiben, die über dem eisigen

Kontinent eine unglaubliche Flugshow abziehen. Solche fliegenden Untertassen, auch als Ufos bekannt, sollen 1947 einer skurrilen Theorie nach, einen US-Flottenverband angegriffen haben. Einen Flottenverband gab es zu der Zeit tatsächlich in der Antarktis. Es handelte sich dabei um ein Groß-Manöver der US-Navy unter dem Namen „Operation Highjump", welches 1946/47 von Admiral Richard Byrd geleitet wurde. Der Rest der Geschichte ist wohl eher dem Bereich der Märchen zuzuordnen. Ziel und Zweck der Operation Highjump war es, Luftbilder der Antarktis zu erstellen und die Kältebeständigkeit der Militärausrüstung zu testen. Soweit zum Hintergrund dieser zuvor genannten skurrilen Geschichte.

Als ich jedoch „Allein!" nochmal gründlich durchlas, machte ich auf Seite 64 große Augen. Byrds Tagebuch-Eintrag vom 9.4.1934 lautet: *„Soeben (um 21 Uhr) habe ich eine merkwürdige Erscheinung beobachtet. Anfänglich schien es ein Feuerball zu sein, etwas kleiner und röter als die Sonne. Ich vermochte mir das Gebilde nicht zu erklären und holte den Feldstecher. Die Erscheinung wechselte die Farbe von Dunkelrot in Silber und verschwand gelegentlich ganz. Zuerst kam sie mir erstaunlich groß vor. Nach eingehender Betrachtung stellte ich vier sehr helle Sterne fest, die in senkrechter Reihe dicht nebeneinanderstanden. Vielleicht aber waren es gar nicht vier Sterne, sondern einer mit seinen drei Spiegelbildern in der mit Eiskristallen geschwängerten Luft."* (S.64)

Was hatte Admiral Byrd am 9. April gesehen? Wie im ganzen Buchkommentar beschrieben, war Richard Byrd ein äußerst intelligenter Mann mit einer feinen Beobachtungsgabe. Das macht ihn als Zeugen so glaubwürdig.

Mit den Augen von Fox Mulder und nach dem Konsum von vielen aktuellen YouTube-Videos würde ich sagen, Byrd hat 1934 eine Ufo-Beobachtung gemacht. Doch was es genau war, wird ein Rätsel bleiben – eines von vielen, welche die Antarktis bereithält.

<u>Fazit:</u> *Mit „Allein!" hat Richard E. Byrd ein Buch vorgelegt, was an Lesegenuss kaum zu übertreffen ist. Sein Werk ist eine wahre Abenteuergeschichte, die einen mitnimmt auf eine Reise in ein Gebiet der Erde, welches immer noch zahlreiche Geheimnisse bereithält. Byrd gibt philosophische und spirituelle Gedankenanregungen und unterstreicht seine eigene Größe, in dem er sich nicht scheut, auch über seine schwachen Momente und düsteren Gedanken zu berichten. Auch wenn man oft hört, ein Bild sagt mehr als tausend Worte, so sind es doch Byrds Naturbeschreibungen, die einem die Antarktis lebhaft vor dem geistigen Auge erscheinen lassen. Für mich ist es eine echte Kostbarkeit in meiner Bibliothek und auch wenn es im Deutschen (meiner Kenntnis nach) nur in Frakturschrift vorliegt, so ist es doch absolut lebenswert. Und was die Frakturschrift angeht, so schrieb doch Jan auf seinem Instagram-Account* **mr.erbauungsbuch** : *„Frakturschrift – eine kleine Gymnastik für die Augen, eine große neue ‚alte' Wissenswelt". Das Buch „Allein!" ist in zahlreichen Antiquariaten erhältlich und ist mit seinen ca. 200 Seiten vom Leseumfang betrachtet gut beherrschbar.*

12

Der Graf von Saint-Germain
Gustav Berthold Volz

Wir sind angekommen bei meinem 12. und damit letzten Buchkommentar. Die 12 ist eine besondere Zahl. 12 Monate hält das Jahr für uns bereit. Diese 12 Monate, wenn Du sie intensiv und weise nutzt, können wie zwölf Apostel, zwölf Gesandte sein, die deinen Glauben an dich selbst und an deinen Erfolg stärken und in die Zukunft tragen, wo er sich in Form von erreichten Zielen materialisiert. In diesem besonderen Jahr, wie ich es z.b. in der WG erlebte, möchte jeder Tag sinnvoll genutzt werden. Sei es durch konzentriertes Arbeiten, sei es durch Nutzen stiften oder durch gesunden, erholsamen Schlaf, um die eigenen Batterien wieder aufzuladen. Apropos „12 Apostel"...da sind wir auch schon bei dem Mann angelangt, der frech und frei behauptete, ein Zeitzeuge von Jesus Christus gewesen zu sein. Es geht um den legendären Grafen von *Saint*-Germain (Sanctus Germanus; „heiliger Bruder"). Sollte er Dir noch kein Begriff sein, dann braucht Dich das nicht zu wundern, denn er lebte im 18. Jahrhundert. Damals zu Lebzeiten war er jedoch schon eine Legende in vielen europäischen Staaten und Fürstentümern. Ein Heiliger war der Graf jedoch keineswegs, wenngleich seine Bewunderer und seine vielen Verehrerinnen (heute würde man vielleicht „Fans" sagen) ihn als den letzten großen Alchimisten und somit als einen wahren Wundermann ansahen. Der Herausgeber Gustav Berthold Volz hat ein spannendes Buch zusammengestellt, welches neben seinen einleitenden Worten viele Berichte und Briefwechsel von bedeutenden historischen Personen enthält, deren Inhalt einen Einblick in das geheimnisvolle Leben des Grafen von Saint Germain zu geben vermögen. Personen die den Grafen, welcher auch bei Kritikern als Abenteurer verschrien war, kannten oder mit ihm in Berührung kamen, waren z.B. die Madame de Pompadour, Ludwig XV., König von Frankreich und auch Giacomo Casanova. Ein wichtiges Ziel der Alchimisten war ja, unedle Metalle in Gold zu verwandeln. Auch wenn der Wundermann Saint-Germain nicht den Stein der Weisen gefunden hat, so beinhaltet das zu besprechende Buch so viel Merk-Würdiges, Unterhaltsames und Nachdenkliches, dass das Werk einen guten Abschlussstein für die „WGtarischen Kostbarkeiten" bildet. Die Alchimie und ihre Bestrebung als solche, ist doch ein ausgezeichnetes Symbol für ein erfolgreiches Leben. Denn ein Mensch mit Zielen will ja letztendlich seine Umwelt, oder anders formuliert die Materie, nach seinem Willen gestalten und formen. Wenn wir es schaffen, uns ein glänzendes Leben aufzubauen, ohne dabei der „Gier nach dem Gold" zu erliegen, dann sind wir wahre Alchimisten, die mit dem Fingerspitzengefühl eines Lebens-Künstlers etwas durch und durch Schönes und Einzigartiges kreieren. Und der Graf von Saint-Germain, der im Übrigen viele verschiedene Namen im Laufe seines Lebens nutzte (so z.B. Herr Surmont, Graf Belmar, Fürst Rakoczy u.a. [S.40]), war ein echter Tausendsassa und seine Geschichte steht für die vielen Möglichkeiten und Gefahren, die auf einen warten, wenn man sich daran macht, ein wunderbares Leben aufzubauen.

Der Graf konnte mit zahlreichen Fähigkeiten und Talenten überraschen. So war er bspw. ein Geigenvirtuose (S.12), sprach mehrere Sprachen fließend (z.B. Französisch, Englisch, Spanisch, vor allem Portugiesisch [wird als seine Muttersprache angenommen]) und war ein ausgezeichneter Gesellschafter. Er besaß die Gabe, spannend und lehrreich zu erzählen. Heute würden wir sagen, er beherrschte die Kunst des Storytellings. Ich war vor allem auf seine Spur gekommen, weil ich mich schon immer für das Thema Langlebigkeit interessierte. Auch wenn Saint Germain nachweislich 1784 in Eckernförde (Schleswig) starb (S.363), so weiß niemand genau, wie alt er denn geworden ist. Er galt als der Mann, „der nicht altert". Der Graf selbst wusste sich in Szene zu setzen, wenn er über geschichtliche Ereignisse berichtete, die hunderte Jahre zurücklagen. Dabei sprach er so, als sei er leibhaftig dabei gewesen. Unterschwellig ließ er durchblicken, *„dass er sein Lebensalter nicht nach Jahren und Jahrzehnten, sondern nach Jahrhunderten zähle"* (S.10).

Interessant ist hierzu ein Bericht, der aus den „Denkwürdigkeiten der Madame de Hausset" stammt. Sie war die Kammerfrau der Madame de Pompadour und hat eine Unterhaltung zwischen dieser und dem Grafen Saint Germain in ihren Memoiren festgehalten. Madame de Pompadour spricht den Grafen auf seine Geheimnistuerei bzgl. seines Alters an und sagt dann: *„Die Gräfin von Gergy, die vor 50 Jahren Botschafterin war, ich glaube in Venedig, behauptet, Sie so gekannt zu haben, wie Sie jetzt sind. [...] nach dem, was sie sagt, müssten sie jetzt über 100 Jahre alt sein."* (S.128)

Fünf Jahrzehnte lang in der Form eines 50-Jährigen? Da würde jeder selbsternannte Fitnesspapst neidisch werden. Hundert

Jahre ist in der Tat ein Lebensalter, das auch heutzutage eine besonders lange Lebenszeit anzeigt. Dann auch noch den Lebensabend dynamisch wie eine 50-Jährige oder ein Mann in diesem Alter zu verbringen, das klingt wirklich sehr verlockend. Allerdings steht die Aussage der Zeugin von Gergy, die tatsächlich die Frau des französischen Botschafters Graf von Gergy war, im Widerspruch zur eigenen Aussage Saint Germains. Der Graf äußerte gegenüber Karl Prinz von Hessen, dem letzten Gönner vor seinem Tod, dass er *„bei seiner Ankunft in Schleswig (1779) 88 Jahre alt gewesen"* sei. (S. 11)

Trotz alledem wäre er dann bei seinem Tod 1784 (beurkundet im „Totenregister" der St. Nikolaikirche in Eckernförde/ S.363) mindestens 92 Jahre alt gewesen. Ein stattliches Alter!

Doch was war nun das Geheimnis der langen Lebenszeit des Grafs? Was das Essen und Trinken angeht, war er ein Mann der Disziplin. Saint Germain „lebte sehr mäßig, trank nie beim Essen, purgierte sich mit selbstbereiteten Sennesblättern und gab seinen Freunden keinen anderen Rat, wenn sie ihn fragten, was sie tun müssten, um lange zu leben." (S.52) In der Korrespondenz von Johann Heinrich Kauderbach (kursächsischer Resident im Haag) steht geschrieben: *„Fleisch isst er fast nie, außer etwas Hühnerbrust; seine Nahrung beschränkt sich auf Grütze, Gemüse und Fische."* (S.207)

Das liest sich für mich, als ob Saint Germain aktuelle, auf die heutige Zeit bezogene Ernährungsratgeber gelesen hätte. Ein wenig weißes Fleisch, viel Gemüse und dann kann man vielleicht auch Intermittierendes Fasten herauslesen. Alles Empfehlungen, die nach heutiger Ansicht und Studienlage lebensverlängernd sind. Auch Giacomo Casanova berichtet in seinen Memoiren von Saint Germain. Er schreibt: *„Statt zu* *essen, sprach er vom Anfang bis zum Ende des Mahles, und ich machte es beinahe ebenso, indem ich ihm mit größter Aufmerksamkeit zuhörte.*" (S.122) Beim Abendessen nutzte der Graf gekonnt sein Storytelling-Talent, um die feine Gesellschaft zu beeindrucken. Die absolute Geheimwaffe Saint-Germains war sein Sennes-Tee, der eine purgierende bzw. abführende Wirkung hatte. Auf Seite 305 wird berichtet: *"Vor allem ist er Arzt und spricht viel von seinem köstlichen Pulver, das man wie Tee trinke. Ich ließ mir eine Tasse davon geben. Es schmeckte nach Anis und führte etwas ab. Unaufhörlich predigt er vom richtigen Gleichgewicht zwischen Leib und Seele.*" (aus den Tagebüchern des Grafen Lehndorff)

Ob sich der große Abenteurer auch selber Sennes-Tee-Einläufe verpasst hat…das, so denke ich, darf zu Recht sein Geheimnis bleiben. Heutzutage hätte er definitiv ein Buch über Darmreinigung geschrieben. Wie weiter oben erwähnt, lebte Saint Germain auch zeitweise unter dem Namen Graf Belmar. Wäre ich sein Literaturagent, würde ich ihm für sein Buch den Titel „100 Jahre gesund und volles Haar – mit Dr. Graf Belmar" vorschlagen. Aber Spaß beiseite: Gerade heute wissen wir, welche elementare Bedeutung ein gut funktionierender Darm für die menschliche Gesundheit hat. Denken wir an die ausreichende Aufnahme von Nährstoffen, an die Bedeutung für die Immunabwehr, denken wir an das „2. Gehirn im Bauch" und natürlich auch an das allgemeine Wohlbefinden…hier war Saint Germain seinen Mitmenschen weit voraus und vor allen hatte er die Disziplin, seinen gesunden Lebensstil durchzuhalten. Eine sehr wichtige Eigenschaft!

Wir sind an dieser Stelle bei den letzten Übungsfragen für dieses Buch angekommen.

Nimm Dir nochmal etwas Zeit, um in Ruhe über die Fragen nachzudenken und lausche dann Deinen eigenen Antworten.

ÜBUNG:

1. *Deine eigene grundlegende Gesundheit vorausgesetzt: Wie alt möchtest Du werden?*

2. *Welchen Einfluss hast Du aus Deiner Sicht auf Deine Gesundheit?*

3. *Gibt es eine Einsicht zum Thema Gesundheit, welche Du ab morgen mit Menschen, die Dir wichtig sind, teilen könntest, ohne dabei zu missionieren?*

4. *Wenn Du durch eine Verhaltensänderung, sagen wir 10 Lebensjahre mehr gewinnen würdest, mit welchen Aktivitäten würdest Du die gewonnenen Jahre füllen?*

Saint Germain und speziell sein Ruf als Alchimist, der ihm stets vorauseilte, brachte ihn in Kontakt mit bedeutenden historischen Persönlichkeiten. Gerade bei diesen Personen wollte er seine Geheimnisse rund um die Langlebigkeit in klingende Münze verwandeln.

Eine der bedeutendsten Personen, mit denen der Graf in Kontakt stand, war die Marquise von Pompadour.

Er erlangte ihre Gunst (S.14) und sie wiederum, stellte die Beziehung zu Ludwig XV. her. Der französische König, des Regierens müde, ließ sich durch alchimistische Versuche des Grafen Saint Germain gerne unterhalten. (S.14) Als er jedoch 1760 im Haag, unautorisiert mit England in Friedensverhandlung eintrat, verlor er die Gunst des französischen Königs und seine Stellung am Hofe.

Doch dieser Ausflug auf das politische Parkett war eben nur eine kurze Episode in seinem Leben. Mit Ausdauer und Leidenschaft widmete er sich der Entwicklung von leuchtenden, preiswerten Farben zum Einfärben von Stoffen, Leder und Holz. Doch bei der Planung des Aufbaus von industriellen Färbereien und Gerbereien zeigten sich die Grautöne im Charakter des Grafen, insbesondere im Umgang mit seinen Gläubigern, welche die finanziellen Mittel für seine, teilweise fragwürdigen Unternehmungen bereitgestellt hatten. Als Beispiel ist hier die Gründung mehrerer zusammengehöriger Manufakturen (Färberei, Gerberei, Hutfabrik) in Tournai (heutiges Belgien) zu nennen. Saint Germain hatte Graf Karl Cobenzl (bevollmächtigter Minister in den österreichischen Niederlanden / S.225) für sich eingenommen und die Besitzerin des Brüsseler Handlungshauses, Madame Nettine, stellte die erforderlichen Geldmittel zur Verfügung. (S.24) Die Geldsumme, welche die Madame 1763 zur Verfügung stellte, belief sich auf über 190 000 Gulden. (S.262) Doch Saint Germain hielt es nicht lange in Tournai. Er verschwand und tauchte unter. Vielleicht ist das auch einer der Gründe, die ihm ein schlechtes Gewissen beschert haben, mit einer besonderen Schwere, als es 1784 dem Ende zuging und er (sonst ja materialistisch veranlagt) Zuflucht in der Lehre Jesu suchte.

Fazit: *Saint Germain war zweifelsohne ein ganz besonderer Mann mit außergewöhnlichen Fähigkeiten. Er war ein Sprachgenie und Geigenvirtuose. Er war Businessmann und Verkäufer. Er war ein talentierter Storyteller. Kommunikative Intelligenz, musikalische Intelligenz, Spezialist in Chemie...Saint Germain hatte geniale Züge und Fähigkeiten, die gerade in der heutigen Welt Erfolg versprechen würden. Allerdings braucht, wie eingangs schon beschrieben, jeder weltliche Erfolg eine ethische Grundlage. Saint Germain war auf der Flucht – vor Unbekannten, Feinden und Gläubigern. Das Buch von Volz lässt einen die Spur aufnehmen, um den nebulösen, geheimnisvollen Grafen etwas besser kennenzulernen. Volz macht in seinem Werk viele Original-Urkunden zugänglich, die in Verbindung mit überlieferten Briefen und Berichten einen „Geschmack" des 18. Jahrhunderts vermitteln, in dem noch echte Abenteurer und Wundermänner ihr Glück machen konnten. Saint Germain zeigt, was mit Disziplin, Entwicklung spezieller Fähigkeiten und geschicktem Eigenmarketing zu erreichen ist. Mit 381 Seiten hat die Originalausgabe einen beachtlichen Umfang, wobei das Buch durch die vielen Urkunden und Bilder aufgelockert und belebt wird. (Das Buch liegt inzwischen auch als Neuauflage vor.)*

Ach ja, Saint Germain nannte sich auch Graf Welldone – da habe ich über meinen eigenen Schöpfer nachgedacht! :)

Nachwort

Das 13. Buch
Jan Wörfel

Das waren die Buch-Highlights von Johannes. Ich hoffe, dass Sie sich gut unterhalten fühlen und das ein oder andere Thema erhellend fanden. Darüber hinaus lade ich Sie ein, „WGtarische Kostbarkeiten" wiederholend zu lesen und das Wissen zu vertiefen. Vielleicht haben Sie auch Lust bekommen, die vorgestellten Bücher im Original zu lesen. Das ist auch eine grundlegende Idee des vorliegenden Buches, dass es begleitenden Lesestoff für ein Jahr bietet. Ich wünsche Ihnen bei Ihrem Studium der Lektüre viel Freude!

Haben Sie eigentlich schon ein eigenes Buch geschrieben oder schon mal darüber nachgedacht? Ja – Nein?

Streng genommen sind wir alle Autoren und schreiben über viele Jahrzehnte hinweg an einem Buch – am Buch unseres Lebens! Allerdings können wir an unserem ganz persönlichen Lebensbuch nur bedingt Korrekturen vornehmen. Geschrieben ist geschrieben! Unsere Worte und Handlungen sind dabei der Federstrich, der beinahe kalligraphisch, unsere Geisteshaltung zur jeweiligen Zeit unabänderlich festhält und dann entsprechende Ereignisse & Ergebnisse in unserem Leben zeitigt. Und wie es sich für ein gutes Buch gehört, baut das Nachfolgende auf dem Vorhergehenden auf. Wir schreiben uns also unsere ganz eigene Zukunft. Manchmal beginne ich, ein Buch zu lesen und es fällt mir schwer in einen Lesefluss zu kommen oder wie der Schwertmeister Musashi sagen würde, den richtigen Rhythmus zu finden. Doch dann schafft es der Autor, mich in der Mitte des Werkes oder manchmal auch erst am Ende des Buches „zu packen". Genauso verhält es sich mit Ihnen als Mensch. Letzten Endes ist es doch zweitrangig, an welcher Stelle sie sich gerade in Ihrem Lebensbuch befinden. Sie haben die Möglichkeit, sollte es etwas dahinplätschern, es mit Spannung, tollen Geschichten und grandiosen Erfolgen aufzufüllen. Da wir ja allenfalls darüber spekulieren können, ob wir nochmal in vielen Jahren, wenn unser Lebensbuch lange fertiggeschrieben ist, als Neuauflage erscheinen – so denke ich, dass sich das Ringen um jeden gelungenen Satz lohnt.

Literaturverzeichnis

Segno, A. Victor: Das Gesetz des Mentalismus; Verlag der SEGNO SUCCESS CLUB G.m.b.H, Berlin (o.J.)

Schellbach, Oscar: Mein Erfolgs-System; Verlag für positive Lebensführung, Bad Harzburg 1949

Smiles, Samuel: Selbsthilfe; Druck und Verlag von Otto Hendel, Halle a. d. S. (o.J.)

Mandino, Og: Die Entscheidung; Conzett Verlag bei Oesch, Zürich 2000

Musashi, Miyamoto: Fünf Ringe; Droemersche Verlagsanstalt Th. Knaur, München 1998

Von drei Eingeweihten: Der Kybalion; Jogi Publication Society, Chicago 1900

Grimm, Georg: Die Lehre des Buddha – Die Religion der Vernunft; R. Piper & Co. Verlag, München 1915

Richter, Georg: Kraftwelle Mensch; Gualtiero Verlag, Zürich 1950

Silesius, Angelus: Cherubinischer Wandersmann; Manesse Verlag, Zürich 1986

Brown Jr., Tom: Das Vermächtnis der Wildnis; Ansata Verlag, Interlaken 1992

Byrd, Richard Evelyn: Allein – Auf einsamer Wacht im Südeis; Eberhard Brockhaus Verlag, Wiesbaden 1947

Volz, Gustav Berthold: Der Graf von Saint-Germain – Das Leben eines Alchimisten; Paul Aretz Verlag, Dresden 1923

Viele Grüße und Dank an:

Andreas Milanowski (du hast einen mega Job gemacht!), Iveta (und du auch!) , A-Master, Marek , M.U.D., Daniel, Thorben, Zoe, Anja Sausenzwausen, Martin & Martina, Andrea E., Andi S. (Komm' nach H., Jung!), Stefan aus HBS, Kai-Uwe (freue mich auf unser nächstes Sparring;)), Andi H., Conny (Panta Rhei-S., jederzeit, wenn es Dich doch packt!), die ganze Insta-Bande, im Speziellen: Caty, Petra (2), Elisabeth, Katrin und Ines (vielen Dank für diesen herzlichen Support), Quetscher und Richard Imago, Martina (H.-Kreis), Nathalie B., Heike, Tina, Alex T., Anja W., den Freundeskreis Georg Grimm, das Rime Zentrum, Waldemar, Kurt, Reinhard, Alex Poteschkin, Olga, Thomas Elst, Christel, Viktor B. und vor allem an meine liebe Frau Julia!

Kontakt zum Autor:

Instagram: **@mr.erbauungsbuch**

wgtarische_kost@yahoo.com

<u>Notizen</u>

Notizen